V. 699.
E.

LE

GUIDE

Du TAPISSIER, de L'ÉBÉNISTE,

Et de tous ceux qui travaillent en Meubles;

Comme aussi celui des HONNÊTES-GENS qui en font faire:

Ouvrage qui consiste en

UN AMPLE RECUEIL DE DESSEINS

Des meubles les plus utiles & les plus élégans, dans le gout

GOTHIQUE, CHINOIS, & MODERNE:

Comprenant une grande Variété

De LITS de toute espece, de CHAISES & de FAUTEUILS; de CANAPÉ's, de SOFAS, & de LITS DE REPOS; de BIBLIOTHEQUES, & d'ARMOIRES POUR DES BIBLIOTHEQUES; de CABINETS, d'ARMOIRES, d'ORGUES, & de CABINETS D'ORGUES; de toutes sortes de BUREAUX & de SECRETAIRES; de toutes sortes de TABLES; de COMMODES, de TOILETTES, de CABARETS, de TABLETTES; de COFFRES propres à ferrer des habits; de MIROIRS, de TRUMEAUX, de BRAS; de CHANDELIERS A BRANCHES, & de GIRANDOLES; de toutes sortes de GUERIDONS, d'ECRANS, de BORDURES, de SCABELLONS; de PAREMENS DE CHEMINEES, & de FEUX, ou de Grilles pour des cheminées; de PIECES, ou PIE's pour des TABLES DE MARBRE; de COFFRETS A THÉ; de CONSOLES, de PIEDESTAUX, de BOETES DE PENDULES; de CUVETTES, de LANTERNES, &c. &c. &c.

AVEC DIFFERENS ORNEMENS de SCULPTURE & de CISELURE.

Le tout représenté en 200 Planches proprement gravées;

Tendant à perfectionner le gout général qui est en vogue, & accommodé au gout particulier des personnes de toutes sortes d'Etats & Conditions.

Les Planches sont précédées d'une Explication succincte des cinq Ordres de l'Architecture: et on y a joint les instructions nécessaires pour éxécuter les morceaux les plus difficiles, dont les Moulures sont représentées en grand, & les Dimensions particularisées.

Par THOMAS CHIPPENDALE,

TAPISSIER & EBENISTE, dans St. Martin's Lane.

TROISIEME EDITION.

Revue, & considérablement augmentée par l'AUTEUR.

A LONDRES:
Chez T. BECKET & P. A. DE HONDT, dans le Strand.
MDCCLXII.

PREFACE.

DE tous les Arts qui doivent leur progrès & leurs embelliſſemens à l'Architecture, non ſeulement celui de faire des meubles eſt le plus utile & le plus ſuſceptible d'ornemens, mais même il n'en eſt aucun à qui elle en puiſſe fournir d'avantage. C'eſt pourquoi j'ai fait précéder les planches qui compoſent cet ouvrage d'une explication ſuccincte des cinq Ordres de l'Architecture. Sans une idée de cette Science, ſans quelque connoiſſance des regles de la Perſpective, le feſeur de meubles ne ſauroit rendre les déſſeins de ſon travail intelligibles, ni en faire voir en petit toute la conduite & l'éffet. Par conſéquent ceux qui veulent exceller dans ce genre d'ouvrages, doivent s'appliquer à ces deux Sciences, qui ſont l'âme & la bâſe de leur Art.

J'apelle ce recueil *le Guide de tous ceux qui travaillent en Meubles, & des Honnêtes-Gens qui en font faire*, parce qu'il a pour but d'aider les uns dans le choix, & les autres dans l'éxécution des Déſſeins; qui ſont d'ailleurs variés avec tant d'addreſſe, que s'il arrivoit que quelqu'un n'en trouvât pas un qui pût ſeul ſatisfaire ſon gout, du moins ils lui donneront des idées pour tel autre nouveau Déſſein qu'il lui plaira d'imaginer.

J'ai entrepris cet ouvrage à la perſuaſion de quelques perſonnes, diſtinguées encore plus par leur gout que par leur rang, qui ont, en plus d'une occaſion, témoigné de l'étonnement & du regret, qu'un Art auſſi ſuſceptible d'être perfectionné & embelli, ne produiſe rien de meilleur que ce qu'on voit en ce genre. C'eſt au public ſenſé à juger ſi ces déſſeins pourront faire ceſſer un ſujet de plainte, qui n'eſt malheureuſement que trop bien fondé. J'eſpere cependant qu'en faveur de la nouveauté & de l'utilité de cet ouvrage, on aura de l'indulgence pour les défauts qui pourront s'y trouver. Je ſens bien qu'il n'y en a que trop. J'avouerai même franchement qu'en feſant pluſieurs de ces Déſſeins, le crayon ne copioit que foiblement les images que me ſuggéroit mon imagination. Mais ils n'auroient peut-être jamais paru, ſi, pour les mettre au jour, j'euſſe attendu qu'ils m'euſſent ſemblé parfaits. Auſſi n'eſt-ce pas ce qui m'a fait appréhender de les faire paroître, ſachant que les plus grands Maîtres, en quelque Art que ce ſoit, ont eu la même difficulté à ſurmonter.

Je n'ignore pas que la premiere fois qu'un auteur donne au public quelque choſe de nouveau, il doit s'attendre à être en butte aux traits de la malignité de certains eſprits, qui ne manquent jamais à ſe déchainer contre ſon ouvrage : Je fais tout cela, dis-je, & cela ne m'intimide point. Je déclare d'avance à ces Méſſieurs, que je ne témoignerai que du mépris pour leurs critiques. Ils peuvent ſe répandre en invectives,

PREFACE.

tant qu'ils voudront, & convaincre eux-mêmes le public qu'ils n'ont ni bonté de cœur pour louer ce qui le mérite, ni jugement pour censurer, ni habileté pour faire mieux.

Plein de respect pour le public judicieux, & de défiance de mes propres forces, je me soumettrai toujours à sa censure. Mais quand ces Désseins seroient même plus parfaits, que ne le peut jamais supposer un auteur passionné pour ses productions, je serois encore bien éloigné de me flatter de l'approbation générale de tous ceux qui ont un droit décidé qu'on ait égard à leur sentiment : puisque mille particularités accidentelles peuvent concourir pour partager les opinions des plus habiles gens ; & que ceux qui ont le moins de préjugés, ont bien de la peine à se défaire entièrement de leur affection partiale pour certaines beautés, auxquelles l'étude les a rendus plus attentifs, ou qui sont naturellement plus de leur gout. En jugeant d'un ouvrage de gout & de génie, ils sont portés à décider du mérite qu'ils y trouvent, selon qu'ils y remarquent plus ou moins de ces traits particuliers qu'ils admirent davantage.

Au reste on ne trouvera dans ce recueil aucun Déssein qu'un habile ouvrier ne puisse éxécuter avantageusement, quoi qu'en disent quelques uns du métier, qui semblent avoir pris à tâche de les représenter comme autant de Désseins spécieux (ceux surtout qui sont dans le gout Gothique & Chinois) qu'il est impossible de rendre éxactement : ce que je ne fais point difficulté d'attribuer à leur ignorance & à leur incapacité, autant qu'à leur malice. Il n'en est aucun, je le répete avec assurance, qu'on ne puisse embellir & enrichir dans l'éxécution. C'est ce dont pourront être convaincus tous ceux qui voudront bien employer, pour faire des Meubles,

Leur très-humble,

& très-obéissant Serviteur,

THOMAS CHIPPENDALE.

PROPORTIONS GÉNÉRALES
DE
L'ORDRE TOSCAN.

PLANCHE I.

APrès vous être déterminé sur la Haûteur que doit avoir votre Colonne Toscane, divisez cette haûteur en cinq parties égales, dont l'une sera la haûteur du Piédestal, conformément à la petite division de l'échelle qui est à la gauche de la planche. Puis divisez en cinq parties les quatre autres parties supérieures, selon la ligne extérieure de l'échelle susdite à gauche. La cinquieme partie d'en haut sera la haûteur de l'Entablement ; & les quatre autres parties, entre le piédestal & l'entablement, seront la hauteur de la colonne, y compris sa bâse & son chapiteau. Divisez ensuite cette haûteur en sept parties : une de ces parties sera le diametre de la colonne ; & ce diametre, apellé Module, se divise aussi en soixante parties égales, & sert de regle pour les Moulures de cet ordre. Vous avez à la droite de la planche toutes les particularités de ces moulures représentées en grand. La Bâse & le Chapiteau ont chacun un demi-diametre de la colonne de haûteur. Il faut après cela diviser le Fut de la colonne en trois parties égales, & le diminuer d'un cinquieme de son demi-diametre de chaque côté. Cette diminution de la colonne commence au haut de la plus basse division : le déssein qui est au milieu de la planche représente la maniere de la faire. C'est la projection de la bâse de la colonne qui détermine la largeur du Dé du piédestal.

PROPORTIONS GÉNÉRALES
DE
L'ORDRE DORIQUE.

PLANCHE II.

PRenez telle haûteur qu'il vous plaîra sur une ligne droite, comme dans l'Ordre Toscan, & divisez-la en cinq parties égales, dont l'une sera la haûteur de Piédestal. Puis divisez les quatre autres parties en cinq, de l'une desquelles vous ferez la haûteur de l'Entablement. Ensuite il faut encore diviser les quatre parties qui restent en huit autres, dont l'une sera le diametre de la colonne, ou le Module, qui, etant pareillement divisé en soixante parties égales, comme dans l'Ordre Toscan, sert de regle pour les moulures : ainsi qu'on peut voir à la droite de cette planche, où est représenté le plan de la Corniche. La colonne diminue d'un sixieme de son demi-diametre de chaque côté, depuis le tiers de sa haûteur jusqu'au chapiteau. La Bâse & le Chapiteau ont chacun un demi-diametre de haûteur.

PROPORTIONS GÉNÉRALES
DE
L'ORDRE IONIQUE.

PLANCHE III.

CHoisissez la haûteur de votre colonne, comme dans les Ordres précédens, & divisez-la en cinq parties égales, dont l'une sera la haûteur du Piédestal. Après avoir pareillement divisé les quatre autres en six parties, dont l'une sera la haûteur de l'Entablement, il faut encore diviser le reste en neuf parties égales. L'une de ces parties sera le diametre de la colonne, ou le Module,

B   qui

qui fe divife, comme on a déja vu en foixante parties égales. Les Moulures font repréfentées en grand, avec une échelle, un module, pour les tirer. La Diminution de la colonne, prife du tiers de fa haûteur, eft d'un fixieme de fon demi-diametre de chaque côté. La Bâfe & le Chapiteau ont chacun un demi-diametre.

PROPORTIONS GÉNÉRALES
DE
L'ORDRE CORINTHIEN.

PLANCHE IV.

TOute la haûteur fe divife en cinq parties. Une de ces parties donne la haûteur du Piédeftal, & l'on divife les quatre autres en fix. L'Entablement tire fa haûteur de l'une de ces dernieres parties : enfuite on divife en dix les cinq autres, qui font entre le piédeftal & l'entablement. L'une de ces dix parties fait le diametre de la colonne, qu'on divife, comme dans les autres Ordres, en foixante parties égales. La haûteur de la Bâfe eft d'un demi-diametre de la colonne, & celle du Chapiteau d'un Module & dix parties. Les autres dimenfions font les mêmes que celles de l'Ordre Ionique.

PROPORTIONS GÉNÉRALES
DE
L'ORDRE COMPOSITE.

PLANCHE V.

PRenez telle Haûteur qu'il vous plaîra, comme il a été dit au fujet des autres Ordres, & divifez-la en cinq parties : la première fera la haûteur du Piédeftal. Puis redivifez les quatre qui reftent en fix autres parties, dont l'une fera la haûteur de l'Entablement. Celle du Chapiteau a un Module & dix parties. La Diminution de la colonne fe prend du tiers de fa haûteur ; & eft d'un fixieme de demi-diametre de tous côtés. Les dimenfions font les mêmes que celles de l'Ordre Corinthien.

PROPORTIONS des BASES
DES
COLONNES de chaque ORDRE.

PLANCHE VI.

LES Bâfes ont un demi-diametre de la colonne de haûteur, & leurs Projectures en ont un tiers. Les Membres en font d'une forme aifée, étant pour la plupart demi-circulaires, excepté les Scoties, qui font une ligne mixte tirée de deux centres, de la manière qu'on peut voir dans la bâfe Ionique. Après avoir déffiné & divifé la groffeur de chaque membre, & les centres des Tores fuperieur & inferieur, tirez une ligne perpendiculaire du centre du tore fuperieur, & divifez-la en fept parties dans l'efpace de la fcotie, les trois parties d'en-haut feront le fegment du cercle conduit jufqu'à la ligne oblique. L'autre fegment fe tire en fixant le centre au point où l'oblique coupe la perpendiculaire. Les autres fcoties fe tirent de la même manière. Les Moulures font les mêmes qui font deffinées, ou ponctuées, dans les planches des Ordres.

BASES

BASES & CORNICHES
DES
PIÉDESTAUX de chaque ORDRE.
PLANCHE VII.

LA Projecture de la Bâfe du piédeftal eft égale à fa haûteur. Il en eft de même de la Corniche. Les Moulures font ponctuées comme on les a déffinées dans les planches des Ordres.

REGLE pour DÉSSINER les LIGNES SPIRALES
DE LA
VOLUTE de l'ORDRE IONIQUE.
PLANCHE VIII.

MEttez la pointe d'une des jambes de votre compas dans l'Oeil de la volute, au chifre 1, ouvrez le compas jufqu'à embraffer le plus d'efpace que vous pourrez, & décrivez un quart de cercle. Puis tenant le compas au point où fe termine le quart de cercle, amenez la pointe de l'autre jambe à 2 de l'oeil de la volute, & décrivez un autre quart de cercle, tenant le compas au bout comme auparavant. Recommencez l'opération en amenant la pointe de l'autre branche à 3 de l'oeil de la volute, & décrivant encore un quart de cercle; puis y tenant la pointe du compas, amenez la pointe de l'autre jambe à 4 de l'oeil de la volute, & faites l'autre quart de cercle : moyennant quoi, vous aurez une Circonvolution de la volute. Après cela, continuez la même opération depuis 4 jufqu'à 5, 6, 7, & ainfi de fuite jufqu'à 12. Examinez bien l'oeil de la volute qui eft repréfenté en grand ; ayez grand foin de partager chaque divifion en trois parties égales, comme vous les voyez entre 2 & 6 ; & placez la pointe du compas aux points c, d, f, &c. pour diminuer le filet de la volute.

PLANCHES IX. X. XI. XII. XIII. XIV.

Ces planches repréfentent differens déffeins de Chaifes. On voit fur tout dans les piés de devant une variété, où il y a de quoi choifir. Il faut, en les tirant en grand, bien prendre garde à rendre le déffein avec la dérniere exactitude ; finon on le gâteroit entièrement. Pour cet effet il eft néceffaire que l'ouvrier fache tirer & déffiner. Les fiéges ont une très-belle apparence, quand ils font embourrés par deffus le Chaffis, avec une bande de cuivre affez large & proprement ouvragée : quoiqu'on n'y mette ordinairement qu'un ou deux rangs de clous de cuivre, qu'on difpofe quelquefois différemment pour imiter la cifelure. On couvre ordinairement ces fiéges de la même étoffe que les rideaux des fenêtres, ou la tenture de la chambre. La haûteur des dos eft de 22 pouces au deffus des fiéges. Les autres dimenfions fe trouvent à la planche 9. Quelquefois auffi on fait ces chaifes de moindre dimenfion, pour les affortir à des chambres de moindre grandeur.

PLANCHE XV.

La planche 15 contient trois déffeins de chaifes avec des dôs en forme de noeuds de rubans. On en a fait plufieurs affortimens, qui ont été goutés. Il n'y auroit pas de mal quand on retrancheroit quelques-uns des ornemens détachés, auxquels on eft fujet de s'accrocher. En couvrant les fiéges de mâroquin rouge, ils font un fort bel effet.

PLANCHE XVI.

Cette planche repréfente différens déffeins de dôs de chaifes.

PLANCHES XVII. XVIII.

On voit dans ces planches fix differens déffeins de chaifes propres à meubler des veftibules, des paffages, ou des cabinets de jardin. On n'y met guères que des fiéges de bois, quelquefois

d'Acajou,

(4)

d'Acajou, mais ordinairement de bois commun peint. Si l'on trouvoit les chaises de la planche 18 un peu surchargées de sculture, on peut, en conservant le contour, en peindre tous les ornemens d'une manière convenable, ce qui leur donnera une très-belle apparence. La haûteur des dos Gothiques est de 25 pouces au-dessus des siéges. Les autres chaises des deux planches n'en ont que 23 de hauteur. En divisant la hauteur des dos dans le nombre de pouces donné, on aura une mesure pour diminuer la largeur des parties circulaires de chaque dos. Les dos ont quelquefois 17 pouces de hauteur, & quelquefois 18. D'ailleurs on peut, si l'on juge à propos, mettre des bras à ces chaises.

PLANCHE XIX.

Cette planche représente deux desseins de Fauteuils à la Francoise, dont les piés & les bras sont différens, pour offrir à choisir. La petite moulure qui regne en bas au-tour du chassis fait un bon effet. Ces fauteuils ont quelquefois un ou deux rangs de clous de cuivre, & quelquefois ces clous sont disposés différemment, pour donner à l'ouvrage un air de ciselure : quelquefois aussi ils n'ont point de clous. Voici les dimensions du siége. Il a 27 pouces de largeur sur le devant & 23 sur le derrière ; 22 de profondeur, de l'extrémité du chassis par devant à celle de la bande de derrière ; & 14 de hauteur, sans les roulettes.

PLANCHES XX. XXI. XXII. XXIII.

Huit autres desseins de fauteuils à la Françoise, qu'on peut mettre en oeuvre avantageusement. Il y en a quelques-uns destinés à avoir le bas du dos échancré : ce qui les rend très-légèrs, sans faire un mauvais effet. On en trouve les dimensions à la planche 19. Il faut seulement observer que la plus haute partie du dos est de 29 pouces : mais ces dimensions different selon les chambres pour lesquelles on les destine sont plus ou moins grandes. Un habile ouvrier en peut aussi diminuer la sculture, sans faire tort au dessein. Les dos, de même que les siéges, doivent se couvrir de tapisserie, ou d'autre étoffe travaillée à l'aiguille.

PLANCHE XXIV.

Deux desseins de chaises & de bancs pour un jardin. La chaise A convient à des berceaux & à des cabinets de verdure ; la chaise C à une grotte, &c. & le banc B est très-propre à être placé sur une éminence au bout d'une avenue. On peut tailler les dos de l'épaisseur d'une piece de bois, & les attacher ensuite au derriere des siéges. Voyez les planches 17 & 18 pour les dimensions de ces chaises. Le banc a sept piés de longueur.

PLANCHE XXV.

De ces trois desseins de chaises, celle du milieu est convenable à une Bibliotheque : les deux autres sont Gothiques, & conviennent à des salles à manger. On en voit les dimensions aux planches 9 & 10.

PLANCHES XXVI. XXVII. XXVIII.

Neuf desseins de chaises dans le gout Chinois ; ils pourront servir à faire cultiver ce genre d'ouvrages, dans lequel on est encore bien éloigné de la perfection. Ces sortes de chaises sont très-propres pour les chambres des Dames, celles surtout qui sont tapissées de papier des Indes. On peut aussi très-bien les placer dans des Pagodes, ou Temples Chinois. Elles ont communément des sieges de canne, avec des coussins détachés ; mais rien n'empêche d'en embourer les siéges, & de les couvrir d'étoffe avec des clous de cuivre, comme le font les autres chaises : on pourroit même y mettre des bras.

PLANCHE XXIX. XXX.

On voit ici quatre desseins de Sofas. Les grands ont ordinairement à chaque bout un traversin & un oreiller, & ont quelquefois tant de profondeur, qu'on en garnit les dôssiers de coussins, qui peuvent servir dans l'occasion de matelas pour se coucher dessus. Alors la bordure d'en-haut ne doit pas être fort inclinée, afin que ces coussins soient de niveau sur le devant. Dans le sofa supérieur de la planche 29, on a dessein de donner aux dôssiers une forme circulaire ; ce qui ne sauroit manquer de faire un bon effet. On les fait de différentes grandeurs, selon les chambres pour lesquelles on les destine. Mais les sieges ont ordinairement six piés de longeur, & quelquefois même neuf. La profondeur est depuis 27 pouces jusqu'à 36, & la haûteur de 14 pouces avec les roulettes.

roulettes. Les enroulemens ont 18 à 19 pouces de haûteur. On peut, fi bon femble, retrancher de la fculture.

PLANCHE XXXI.

Voici le déffein d'un Sofa convenable à un appartement diftingué par la richeffe & l'élégance de l'ameublement. Il faut, dans l'éxécution, beaucoup de foin & de jugement, pour affembler les différentes parties, de manière que tous les embelliffemens foient joints fans le moindre défaut: & fi les ornemens de relief, qui y regnent par-tout, font maniés comme il faut, & dorés d'or bruni, ce meuble aura une apparence fuperbe. La bordure eft furmontée d'un morceau de fculture, où font les emblêmes de la Vigilance, de l'Affiduité & du Repos. Il ne faut pas omettre les traverfins & les oreillers, quoiqu'ils ne foient pas dans le déffein. Quant aux dimenfions de ce Sofa, il a neuf piés de longueur fans les enroulemens : fa plus grande largeur eft de deux piés & demi : le dôffier a trois piés & demi, dans fa plus haute partie, & la haûteur du fiége eft de quatorze pouces fans les roulettes. Au refte, avant que d'éxécuter ce déffein, il feroit néceffaire d'en avoir le modele en grand.

PLANCHE XXXII.

Cette planche repréfente deux déffeins de lits-de-repos, de ces couchettes que les François apellent *Péché mortel*. On en fait quelques-uns qui fe démontent par le milieu. Une partie fert de faûteuil de commodité, & l'autre de tabouret. Quand on les fait ainfi, les deux piés fe joignent au milieu, ce qui n'a pas trop bonne apparence, & il faut les embourrer d'une grande épaiffeur, & les border. Mais fi on les fait d'après ces déffeins, il faut les couvrir d'un matelas affez épais dans toute leur longueur. Les dimenfions font de fix piés quatre pouces de longueur dans œuvre, & de deux piés & demi à trois piés de largeur.

PLANCHE XXXIII.

Sofa avec un Baldaquin, ou Dais, à la Chinoife. Les rideaux accompagnés de leurs pentes font retrouffés en draperie. On peut convertir ce fofa en lit, en fefant le fiége de manière qu'il puiffe fe tirer en avant, & les côtés du lit de forte qu'ils puiffent fe plier & rentrer, par le moyen de charnières de fer & de bârres propres à les foutenir, & à les tenir en état quand ils font étendus. Il faut auffi faire les rideaux pour les tirer en avant : quand ils font abattus, ils forment une efpece de tente qui a grande apparence. On peut en dorer les ornemens, ou les couvrir d'étoffe. A eft la tringle des rideaux. B la moitié du plan du dais. C le profil de la menuiferie. D l'ornement qui regne au-tour du dedans. E l'ouvrage en coquilles qui eft à l'extrémité des bords du dais.

PLANCHES XXXIV. XXXV.

Ces planches contiennent dix déffeins de colonnes ou piliers de lit. A, B, C, D, E, de la planche 34 font Gothiques. *b* eft le plan de la colonne B, & de fon piédeftal ; *c* celui de C ; *d* celui de D ; & *e* celui d'E. L'échelle eft jointe aux déffeins. Les plans de la planche 35 font auffi indifpenfables. Quant à la haûteur, elle doit être réglée fur les chambres auxquelles elles font deftinées. On les a toutes déffinées avec des piédeftaux : ce qui a certainement meilleure grâce que de voir des bâfes d'étoffe (les foubâffemens) regner à l'entour du lit, tandis que les colonnes paroiffent n'être foutenues de rien. Les déffeins font très-clairs, & n'ont pas befoin d'une plus grande explication.

PLANCHES XXXVI. XXXVII.

Douze Déffeins de Corniches pour des lits ou des fenêtres. Elles ne fauroient manquer de faire un bel éffet, fi ces déffeins font éxécutés comme il faut.

PLANCHE XXXVIII.

Cette planche repréfente un déffein de lit avec une corniche fculptée, qu'on peut dorer, ou couvrir de la même étoffe que les rideaux. Ces rideaux font omis dans le déffein, parce qu'on peut les faire ou pour être retrouffés en feftons, ou pour fe tirer fur une tringle (comme on peut

C

voir

voir dans quelques-uns des autres lits) quoique la tringle & la corniche soient faites en courbes allongées. L'ornement qui couronne le ciel est la moitié d'une Ellipse aplatie, comme on le voit à *b*. A est la tringle *a*. B la côte de l'encoignure, qui va d'une encoignure à l'autre en se croisant au milieu. C la côte qui va du milieu de la tringle de chaque côté. Cet ornement curviligne se fait par l'intersection des lignes, comme on voit à B. D est la moulure qui regne tout au tour du ciel en-dedans. Il faut que la corniche s'éleve assez pour cacher le haut du ciel du lit. Les colonnes ont des piédestaux, entre lesquels se mettent les soubassemens.

PLANCHE XXXIX.

Déssein d'un lit fait pour les Comtes de Morton & de Dumfries. Une des colonnes est composée de rôseaux, avec une palme entortillée tout autour. Le ciel est en façon d'impériale de carrosse avec une petite corniche, taillée de maniere qu'elle répond à peu près dans sa forme à la corniche qui est en dehors: & il y a en dedans un ornement léger où s'attachent les petites pentes. Le milieu de l'impériale, en dehors, est décoré d'un ornement de sculpture de figure ovale, qui a trois piés neuf pouces de hauteur sur deux piés huit pouces de largeur ; & cet ornement est accompagné de feuillages & de fleurs, qui s'étendent jusqu'aux encoignures. C'est à ces encoignures de bois, qui descendent de la corniche sur les colonnes, que les pentes sont attachées. La hauteur des colonnes est de huit piés & six pouces ; & le bois de lit a six piés sept pouces de longueur, & six piés de largeur.

PLANCHE XL.

Un déssein de lit avec le plan & une section du ciel. D, A, C, représentent la section, & D, B, C, la moitié du plan. Les lignes ponctuées tirées de la section donnent le contour de la corniche intérieure de l'impériale, qu'on voit dans le plan. On a omis les rideaux : mais on peut les faire pour être retroussés en festons, ou pour se tirer sur une tringle. Les piédestaux des colonnes font un meilleur effet sans être couverts. Il seroit inutile d'expliquer les autres parties, le déssein étant facile à comprendre. Les dimensions sont les mêmes que celles du lit de la planche précédente.

PLANCHE XLI.

Autre Déssein de lit avec toutes les dimensions qui y sont propres, & qui n'a pas besoin de grande explication. B est une corniche différente, qu'on peut couvrir de la même étoffe que les rideaux ; & *a, a, a*, la bande avec les poulies qui y sont attachées, pour retrousser les rideaux.

PLANCHE XLII.

Lit en Baldaquin avec son dôssier. Les rideaux accompagnés des pentes doivent se retrousser en draperie. Les dimensions sont particularisées dans le déssein. *a* est un quart du ciel. *c* un petit dôme ovale dans l'intérieur. *b, d*, le dehors du baldaquin. *h, h*, Mosaïque qui regne en bas au tour du dôme. *i* la bande au tour du ciel en dedans. *f* la colonne du lit. *k, k, k*, sont les endroits où les poulies sont attachées pour retrousser les rideaux.

PLANCHE XLIII.

Lit avec un ciel en Dôme. L'extrémité inférieure du dôme est une courbe qui fait la moitié d'une ellipse aplatie. A, A, A, est une bande qui sert de base au dôme, & qui est taillée de la même façon que la bande, *g*, où la corniche est attachée. B est un quart du dôme avec des ornemens au centre & aux encoignures. C en est un autre quart. *e, e, e*, sont les côtes qui forment le dôme. *o, o, o*, la longueur de la ligne *p, p*. Les doubles lignes qu'on voit à *b*, sont la section du dôme d'une encoignure à l'autre. Les espaces qui sont entre les côtes, *e, e, e*, peuvent se remplir de bois sec & léger. *l* est une espece de moyeu dans le centre pour y emboîter les bouts des côtes. *m, m*, le plan des colonnes du lit. *f* le plan de la côte qui traverse le dôme d'une extrémité à l'autre. Il faut diviser les espaces *i, i*, & *k, k*, où est la côte *f*, de la même maniere que K, K, & K, K, à *b* ; & par ce moyen on aura les courbes de toutes les autres côtes, *e, e, e*, qui forment le dôme. C, *p, q*, est de la même hauteur que P, Q. N est la ligne ponctuée qui coupe le dôme, en le traversant d'une encoignure à l'autre. *r, r, r*, sont les poulies pour les cordes qui doivent retrousser les rideaux. S est une autre corniche. Il y a sur le déssein une échelle pour prendre

prendre les dimenfions du plan & du profil. Le bois de lit eft large de fix piés, long de fix piés fept pouces, & haut de fix pouces. Et toute la haûteur du lit eft de dix piés quatre pouces, fans le vâfe, qui en a dix-huit ou vingt.

PLANCHE XLIV.

Lit Gothique. Le ciel eft plat, & la corniche fera un très-bel éffet, fi elle eft éxécutée comme il faut. A eft le chaffis; c, c, c, font les poulies par où paffent les cordes pour retrouffer les rideaux; & B eft un ornement de galon, ou d'autre étoffe, pour décorer le ciel en dedans.

PLANCHE XLV.

Autre déffein de lit. Les piés qui foutiennent les colonnes & les encoignures de la corniche font différens. Il faut donner à la partie fupérieure du lit la meme forme qu'ont le devant & la corniche du bois de lit, & cette forme doit fe continuer non feulement jufqu'au Baldaquin qui eft en haut, mais même jufqu' à l'ouvrage qui lui fert de couronnement. La platebande du baldaquin, en dedans, eft faite de panneaux revetus d'un ornement de fculpture qui regne tout au tour, & qui s'y aplique enfuite. Les colonnes préfentent leurs angles par-devant : c'eft un avantage pour mieux travailler les encoignures de la corniche, & les ornemens qui s'étendent, en montant, jufqu' aux encoignures du baldaquin. Le chaffis du ciel doit auffi être de la même forme que le plan des piédeftaux du bois de lit : mais les côtés du lit font tout droits.

PLANCHE XLVI.

Lit de repos avec un baldaquin. Les rideaux doivent fe retrouffer en feftons, par le moyen de poulies attachée d'une manière convenable aux colonnes. e eft une tringle de cuivre, qui foutient le baldaquin. C le chaffis, qui pofe fur le haut de la colonne ou de la tringle. F le baldaquin. D, dans le plan, eft la ligne D d'en haut. E, E, eft la ligne e, e, d'en haut. c, c, la forme du chaffis du baldaquin. K eft une faillie où s'attache l'ornement qui couvre la courbure de la tringle, mais qui ne s'y pôfe qu' après avoir tendu le tour de lit. Il eft un autre ornement de fculpture, un ouvrage en coquilles qui regne au bas du baldaquin. Ce lit de repos a fix piés huit pouces de longueur, & cinq piés de largeur, quoiqu'il ne foit pas néceffaire de le faire fi large. Il fut fait pour une alcove de l'hotel de Mylord Pembroke, à Whitehall.

PLANCHE XLVII.

Voici un lit de parade dont je foumets le déffein au jugement des perfonnes fenfées qui font profeffion de candeur. On y trouvera de la magnificence, de la proportion, de l'harmonie : & je me flatte qu' après en avoir éxaminé foigneufement les différentes parties, il méritera leur approbation. L'ouvriér auffi trouvera, en l'éxécutant, de quoi fignaler fon habileté. En dorant d'or bruni les piédeftaux du bois de lit, les colonnes, la corniche, avec le fommet du dôme ; & en le décorant d'une garniture convenable, cela fera un lit d'une apparence magnifique, & propre pour l'appartement le plus fuperbe. Le bois de lit ne doit pas avoir moins de fix ou fept piés de largeur, fur fept ou huit de longueur ; & toute la haûteur du lit doit être de quatorze ou quinze piés. Un ouvrier de génie comprendra aifément ce déffein : mais je lui confeille d'en faire d'abord un modele en grand, pour prevenir les méprifes : ce qui lui épargnera du tems, de la peine, & de la dépenfe.

PLANCHE XLVIII.

Lit Gothique avec des rideaux en draperie. Les colonnes font octogones, compôfées de panneaux chamfrainés enchâffés l'un dans l'autre. B eft un quart du ciel. a, a, la meme longueur qu' A, A, qui eft audeffus, dans la fection qui va d'une encoignure à l'autre pour former le haut en toît, ce qui donne auffi la forme de l'encoignure. Divifez la longueur, A, A, comme dans le déffein; tirez de-là à B, deux perpendiculaires en montant ; divifez enfuite cette longueur dans le même nombre de divifions que la première ; & vous aurez la courbe des côtes c, c, c. Les rideaux fe retrouffent avec des cordes qu'il y a à chaque côté du lit, par le moyen de poulies attachées aux encoignures. Le refte n'a pas befoin d'explication.

PLANCHE

PLANCHE XLIX.

Lits de camp. Le ciel du lit A est en forme de Baldaquin, composé de huit ou dix petits ais plats chamfrainés : il commence à se former à *e, e,* avec quatre côtes qui s'emboîtent dans un moyeu à *f.* On peut substituer au dome quatre vâses, placés aux quatre coins du Baldaquin. Comme ces sortes de lits se démontent, ce qui est très-commode, quand on change de lieu, toutes les parties en sont jointes avec des gonds, & on en détend aisément la garniture quand on veut.

Les lattes du ciel du lit C sont droites par devant, & on leur donne la forme de l'ornement de l'autre côté. Il a au centre un Baldaquin composé de huit ou dix côtes, qui s' emboîtent dans un chassis séparé, & qui se démontent.

Les lits D & B n'ont point de Baldaquins : mais ils sont faits de la même manière que les deux autres.

PLANCHE L.

Lit de repos surmonté d' un baldaquin. Il faut faire les rideaux de sorte qu'on puisse les retrousser en draperie, & les détacher, quand on voudra en faire un lit dans l'occasion. Cette sorte de lit de repos est fort propre pour des alcoves, ou pour l' enfoncement d'un endroit séparé, comme il s'en trouve souvent dans de grands appartemens. On peut aussi le mettre au bout d' une grande gallerie. En garnissant les rideaux & les pentes de grandes crépines d'or & de gros glands, & en dorant les ornemens d'or bruni, cela aura grand air. La grue qui est au sommet du baldaquin, est l' emblème du soin & de la vigilance, ce qui me semble convenir assez à un lieu de repos. La longueur du lit ne doit pas être moindre de six piés dans œuvre, mais elle peut être aussi grande qu'on jugera à propos : la largeur de trois piés, ou d'avantage à proportion de la longueur. A l' égard de la haûteur, on ne peut gueres la déterminer : elle dépend du lieu où l'on mettra ce lit de repos.

PLANCHE LI.

Cette planche représente deux désseins de Cabarets, de tables pour tenir des assortimens entiers de Porcelaine : on peut aussi s' en servir pour prendre du thé. A, A, sont les plans du dessus. C est un ornement pour mettre entre les piés, si bon semble. Ces tables ont une fort belle apparence, quand elles sont bien travaillées.

PLANCHE LII.

Dessein de Toilette, ou de table de toilette pour une Dame. Il y a au milieu une layette de toilette, avec un tiroir à chaque côté. Au-dessous de ces tiroirs sont deux volets qui couvrent d'autres tiroirs, ou des rangs de tablettes, avec un vuide au milieu pour y mettre ses genoux. Peut-être qu'un rideau y feroit un meilleur effet que des volets. Au milieu du dessus de la table est un miroir, qu' on peut tirer sur le devant par le moyen de gonds brisés : il est accompagné de chaque côté de deux volets de glaces, qui peuvent être ou transparens ou argentés, & derrière lesquels on peut pratiquer encore des tiroirs, ou de petits endroits en forme de boulins. On a fait sur ce déssein deux tables de toilette de bois de rôsier, qui ont été fort goûtées : tous les ornemens en étoient dôrés. B est le plan de la table. A, A, les plans des deux bouts du haut à chaque côté. C le tiroir de la toilette. *d, d,* un miroir fait pour se haûsser, & pour être suspendu sur des gonds. *f, f,* des endroits pour des peignes, des boëtes, des flacons, des fioles, &c. Les dimensions sont particularisées dans le déssein.

PLANCHE LIII.

Désseins de Tables à déjeuner. Celle qui est à la droite du déssein a des piés composés de petits panneaux chamfrainés enchâssés l' un dans l'autre : ces piés sont tenus en état avec deux barres, ou ais, en croix, proprement travaillés à jour. L' autre a, au dessous de son chassis, un ais enfermé d'un ouvrage de menuiserie à jour, au lieu duquel on met quelquefois du fil d'archal.

PLANCHE LIV.

Meuble commode pour se râser. Le dessus fait une sorte de table avec deux abattans, qui, quand ils sont levés, découvrent une grande boête quarrée composée de plusieurs divisions. A, A, & B, B,

& B, B, font des endroits pour y tenir un baſſin à barbe, du ſavon, des raſoirs, des bouteilles, & tout l'appareil néceſſaire pour ſe râſer. Derriere la boête eſt le miroir D; qui ſe hauſſe à C, & ſe tient élevé par le moyen d'un reſſort. On voit à D, entre les deux meubles, les parties requiſes pour tirer le miroir en avant. g eſt le miroir dans la poſition où il doit être, quand on ſe râſe: il a une bordure de cuivre. f, f, f, font des charnières pour ſoutenir le miroir ſuſpendu. C eſt une autre petite lame de cuivre, qui joue dans la couliſſe repréſentée par la ligne ponctuée. Les dimenſions de cet ouvrage ſont ſur le deſſein.

L'autre deſſein repréſente un meuble de la même nature que le premier, & qui eſt preſque ſemblable, ayant auſſi un miroir qui ſe hauſſe & ſe tient ſuſpendu, pour l'uſage qu'on en veut faire.

PLANCHE LV.

Trois deſſeins de guéridons ordinaires pour ſoutenir un baſſin, & trois d'autres guéridons pour un chaudron à thé. Le guéridon à baſſin du milieu a quatre piés Gothiques qui ſoutiennent des piliers Gothiques, avec un arc ou cintre, auſſi Gothique, de chaque côté. Les autres ſont ſi aiſés à comprendre, qu'il n'eſt pas beſoin de les expliquer.

PLANCHES LVI. LVII.

Deux deſſeins de Buffèts (ou de tables pour mettre ce qui doit ſervir au repas) avec leurs moulures en grand, & leurs dimenſions: mais ces dimenſions différent ſelon les chambres auxquelles on les deſtine.

PLANCHES LVIII. LIX.

Deux autres deſſeins de buffets. Les piés & les chaſſis ſont travaillés à jour: ce qui les fait paroître plus légers & plus dégagés, ſur-tout s'ils ne ſont point trop grands, & qu'ils ne ſoient point revêtus de dalles de marbre, mais ſeulement de tables d'Acajou, ou de bois peint. Le buffet de la planche 58 a des piés différens, pour offrir de quoi choiſir. Les moulures ſont les mêmes que dans les planches précédentes.

PLANCHE LX.

La planche 60 repréſente un buffet Gothique qui a différens piés, l'un ſolide & l'autre à jour. A eſt le carré du pié ſolide. b, b, le chaſſis emmortaiſé dans le pié A. g le plan de la moulure g. F, e, la moulure d'en haut qui regne tout au-tour des colonnes de devant F, e, repréſentées dans le plan. D eſt la moulure du même plan, qui regne tout le long du chaſſis. e eſt la petite Aſtragale qui ſe tourne ſur les colonnes.

PLANCHE LXI.

Deux deſſeins de buffets avec différens piés. B eſt le plan de la table, qui eſt au-deſſus. A, A, A, l'endroit où ſe placent les piés. c, c, c, les moulures en grand, qui ſont tirées ſur une échelle d'un pouce.

PLANCHE LXII.

Deux deſſeins de toilettes, avec les plans & l'échelle néceſſaire au deſſous. Le tiroir ſupérieur peut être de toute la longueur de la table, & avoir les mêmes diviſions qu'on a marquées planche 52 à C. L'ouverture ménagée pour les genoux eſt en forme circulaire, ce qui a meilleure grâce que quand elle eſt toute droite.

PLANCHE LXIII.

Deux autres deſſeins de toilettes ſemblables à celles de la derniere planche. Mais les ornemens de ces deux tables-ci doivent être de cuivre, & il faut les ciſeler & les couvrir de laque, avant de les y mettre. Les dimenſions ſont marquées à chaque table.

D　　　　　　　　　　　　　　　　　　PLANCHE

PLANCHE LXIV.

Cette planche repréſente une Commode avec trois tiroirs par devant. A eſt la moitié du plan, & B le profil avec une échelle.

PLANCHE LXV.

Autre déſſein de commode, avec le plan & une échelle convenable. On peut retrancher des ornemens du tiroir d'en haut, ſi on croit qu' il y en a trop.

PLANCHE LXVI.

Autre commode. On en peut faire les piés ſéparément, & les coler enſuite au corps de l'ouvrage, après qu' il eſt fini. A eſt la moitié du plan. B le profil, & C la moulure qui regne au-tour de la table. Il y a ſur le déſſein une échelle, pour en prendre les dimenſions.

PLANCHE LXVII.

Deux autres déſſeins de commodes. Celle qui eſt à la droite a un volet à deux battans dans le milieu, avec un tiroir au-deſſus. La commode à gauche n' a que deux grands tiroirs, & deux petits. On en voit les dimenſions ſur le déſſein : les ornemens peuvent être de cuivre, ſi on le ſouhaite.

PLANCHE LXVIII.

Autre déſſein de commode. A eſt la table en perſpective, avec ſes dimenſions marquées ſur le déſſein. Le devant de la commode, revetu de ſes ornemens, eſt un grand volet à deux battans qui enferment tous les tiroirs. Il y a, outre cela, d'autres tiroirs de chaque côté.

PLANCHE LXIX.

Commode avec des tiroirs en haut & dans le milieu, & des volets à chaque côté. Les ornemens en doivent être ſcultés légerement. Les encoignures ſont de déſſeins différens. A eſt la moitié du plan. B l' élévation du meuble. Il y a auſſi une échelle pour les dimenſions.

PLANCHE LXX.

Deux autres déſſeins de Commodes, dont l'une a des volets qui peuvent renfermer des ais en couliſſe, pour ſerrer des habits : les ornemens des encoignures & du bas peuvent s'ouvrir avec les volets. L'aûtre peut avoir à chaque côté des volets, ou des tiroirs.

PLANCHE LXXI.

Commode magnifique. On peut ſculpter en bois le bas relief du milieu, ou le jeter en cuivre, & de quelque maniere qu'on le faſſe, il peut ſe peindre. On peut auſſi faire du milieu & des côtés des volets revetus des mêmes ornemens. Il y a ſur la commode un Surtout d'argent, & à chaque côté un guéridon : le tout eſt fort convenable, & fait un très-bel effet. Avant que d'éxécuter ce déſſein, je conſeille de le modeller, pour obvier aux mépriſes, & s'épargner par-là un travail inutile.

PLANCHE LXXII.

Bureau avec différentes ſortes de tiroirs. Le milieu de la partie ſupérieure eſt compôſé d'une grande tablette pour des livres de compte, au-deſſous de laquelle ſont de petites diviſions en forme de boulins, avec de petits tiroirs. Il y a un volet à chaque côté. A eſt le plan de la partie ſupérieure. B celui de l' autre partie. C le plan de la corniche ; D & E celui des moulures d'en haut & d'en bas de la partie ſupérieure, avec les dimenſions néceſſaires.

(11)

PLANCHE LXXIII.

Autre sorte de Bureau. Le tiroir qui est de la longueur qu'on voit entre *b* & *b*, se tire avec la moitié des piés de devant. A est le plan du dedans de la table avec les divisions. *g* petit tiroir en quart de cercle, pour l'encrier, la boëte à poudre, &c. D le profil du tiroir. B, B, le plan des piés de devant. *c, c*, les moulures qui sont autour. *f, f*, la saillie du haut de la table.

PLANCHE LXXIV.

Autre Bureau semblable au précédent. A est le plan de la table. B ais qui se hausse pour écrire dessus. C, B, coulisse qui couvre le tout, comme on voit dans le profil, *f, f*. D, D, les tiroirs à chaque côté. E le profil de la table.

PLANCHE LXXV.

Autre déssein de Bureau. Les volets qui sont à chaque côté peuvent s'étendre jusqu'à la table, & le dedans peut être composé de coulisses pour des livres, ou de tiroirs. Par conséquent il n'est pas nécéssaire que le grand tiroir excede en longueur l'espace du milieu, & il en faut faire un pupitre. Le milieu de la partie supérieure a deux volets, & le dedans est partagé en boulins distingués par des cotes : il y a des tiroirs à chaque côté. On voit à gauche un différent déssein pour la partie d'en bas, avec les moulures en grand.

PLANCHE LXXVI.

Bureau Gothique, qui a un grand tiroir en haut, & à chaque bout un volet enfermant d'autres tiroirs en dedans. Il y a au milieu un endroit pour les genoux, comme dans le plan B. Les piliers font partie des portes, & s'ouvrent ensemble. A est le plan du tout. *b, b, b*, sont les piliers, comme on voit dans le plan, C, *d, d, d*. E, *g*, le plan de la table. *f, f*, le plan des moulures *f, f*, qui regnent aû-tour des piliers. Les dimensions sont sur le déssein. On a fait plusieurs bureaux semblables, qui avoient une fort belle apparence.

PLANCHE LXXVII.

Bureau pour une Bibliotheque, avec son plan & son profil. Les tiroirs d'en haut se tirent par les côtés. Il a de tous côtés des volets, qui couvrent des tablettes pour des livres, & des tiroirs. L'enfoncement des encoignures fait partie des volets; le tout s'ouvre ensemble. Le déssein repréfente les moulures en grand, avec une échelle.

PLANCHES LXXVIII. LXXIX.

Deux désseins de bureaux de bibliotheque. Je m'imagine que, sans m'arrêter à les expliquer, il suffit de renvoyer l'ouvrier à la planche 77.

PLANCHE LXXX.

Autre déssein d'un bureau de bibliotheque. Les deux bouts forment un ovale, avec des Termes en sculture attachés à chaque côté des volets. Afin que ces volets s'ouvrent plus commodément, on peut les pratiquer entre l'astragale & la plinthe. On trouve à gauche le plan & l'élévation des Termes, avec quelques différences qu'ils peuvent recevoir. Pour l'intérieur du bureau, voyez la planche 77. On y a joint les moulures en grand avec une échelle.

PLANCHES LXXXI. LXXXII.

Le bureau de la planche 81 a ses dimensions marquées dans le déssein, qui est très-facile à comprendre.

L'autre planche représente un bureau de bibliotheque, ayant à un des bouts un tiroir, avec des piés de Termes pour le soutenir quand il est tiré, & qu'on en veut faire une table à écrire, comme

on

on peut voir à B. C eſt une eſpece de pupitre compoſé d'un double deſſus, avec de petits chevalets pour le tenir élevé, ſi l'on veut écrire debout. On voit au plan A comme les Termes s' attachent à chaque bout de la table. *e, e*, ſont les petits chevalets ſur leſquels ſont marquées les charnières. Les moulures ſont repréſentées en grand, avec une échelle pour prendre les dimenſions.

PLANCHE LXXXIII.

Grand bureau de Bibliotheque avec des volets circulaires à chaque encoignure : les autres volets, de même que les Termes, ou Pilaſtres, ſont différens, afin qu' on ait à choiſir. On voit dans le deſſein les moulures en grand, avec les dimenſions.

PLANCHE LXXXIV.

Cette planche renferme trois bureaux de bibliotheque. A a trois tiroirs en haut, avec des volets au-deſſous. B a trois tiroirs de chaque côté ornés de feſtons de fleurs : celui du milieu peut ſervir à ſerrer des Cartes de Géographie, des Eſtampes, &c. & par-conſéquent peut être de toute la profondeur de la table. Les volets peuvent être ornés de toutes ſortes de feſtons, ou de palmes en ſculpture. C n' a pas les coins comme les autres : ils ſont en ligne courbe, & ſont faits ſéparément, pour s'attacher enſuite au haut de la table. Il ne faut ajuſter le tiroir du milieu, qu' après avoir attaché enſemble les ornemens du deſſus & des coins, & ces ornemens doivent être de cuivre. La largeur de chaque table eſt de trois piés ou de trois piés & deux pouces. D eſt les moulures en grand de C & d'A : celles de B ſont à droite, avec une échelle pour regler les dimenſions.

PLANCHE LXXXV.

Grand Bureau de Bibliotheque dans le gout Gothique. Les encoignures ſont compoſées de panneaux chamfrainés, avec des reſſauts convenables : & les piliers (trois quarts de piliers) ſont attachés aux carnes des volets, pour s' ouvrir tout enſemble.

PLANCHE LXXXVI.

Cette planche repréſente le plan du bureau précédent, avec ſes moulures. *a, a, a*, marquent les endroits des piliers, dont A eſt le plan & l' échelle. Le chifre 1 eſt la méthode de travailler les moulures de différente ſaillie, & de couper les onglets.

Suppoſons B un quart de cercle, ou une moulure diviſée en neuf parties, dont la derniere eſt auſſi diviſée en deux. Faites le plan de la moulure B comme à D, & diviſez-la en autant de parties. Enſuite tirez la diagonale L, L, & amenez, en remontant, à A, les diviſions qui ſont coupées à L, L. Puis tirez d' A des perpendiculaires, & vous aurez la ſaillie de l'autre moulure B. Apres cela, tracez les lignes ponctuées *e, e, e*, depuis les points où les perpendiculaires 1, 2, 3, &c. ſont coupées en B, juſqu' à *d, d, d* : & l' interſection de ces lignes à *d, d, d*, vous donnera les endroits où il faut déſſiner la moulure.

Suppoſant donc les moulures que vous aurez travaillées à F, F, pour couper les onglets, tirez deux lignes paralleles à *f, f*, & *f, f*. Prenez enſuite l' eſpace *c*, L, & le détaillez comme à C, *f*, ſelon les diviſions qui ſont à L. Puis prenez pareillement l' eſpace *e*, L, & le détaillez comme à E, *f*, ſelon les diviſions qui ſont à D. Après quoi tirez des perpendiculaires à C, & à E ; & les points de leur interſection vous marquent l'endroit où doit ſe couper l'onglet, conformément à la diagonale L, L.

PLANCHE LXXXVII.

Deux deſſeins de Cabinets de livres. Le petit eſt tiré en perſpective. F, F, ſont des volets circulaires, feſant un enfoncement pour les genoux. B eſt un tiroir, dont on peut faire un ſécrétaire ou une toilette. Le volet d' en haut eſt deſtiné pour des glaces. A eſt une corniche différente. E eſt l'autre cabinet avec une échelle, pour en prendre les dimenſions. D le profil du cabinet. Les volets du haut ſont, comme dans l' autre, deſtinés pour des glaces. Si on trouvoit les ornemens ſuperflus, on peut les retrancher.

PLANCHE LXXXVIII.

Deux désseins de Cabinets de livres, qui me semblent bien proportionnés. Pour conserver ces proportions, divisez en la longueur en autant de piés, ou de piés & de pouces, que doit avoir la longueur du cabinet que vous voulez faire ; ce qui vous servira aussi d'échelle pour prendre les mesures des autres parties. Ces cabinets ont quatorze ou quinze pouces de profondeur. Le bas doit avoir quatre ou cinq pouces de saillie de plus que le haut : du moins étant faits de cette manière, ils auront meilleur air.

PLANCHE LXXXIX.

Cabinet de livres Gothique. Les volets du haut doivent être de glaces. A est le plan du chassis du volet. D le pilier Gothique qui y est collé. B le plan de la partie supérieure du cabinet. C celui du bas. On a à gauche les moulures en grand, avec une échelle. E est un couronnement différent pour le milieu. Les angles internes doivent avoir des quarts de piliers, & les encoignures de derriere des demi-quarts.

PLANCHES XC. XCI.

Deux autres grands cabinets de livres, avec leurs dimensions. Les moulures sont représentées en grand dans la planche 90 : mais celles qu'il y a à la droite de la planche 96 conviennent aussi à la 91eme. Que si l'on jugeoit à propos de changer la grandeur & les proportions de ces cabinets, il faut observer les regles établies à la 88eme planche.

PLANCHES XCII. XCIII. XCIV.

Les deux premières représentent des Bibliotheques, des assortimens de cabinets de livres, ou d'armoires, pour faire une Bibliotheque. Il n'y a point de volets à celle de la planche 92 : mais on peut y en mettre, si on veut. Les pilastres, avec leurs consoles & leurs ornemens de feuillages & de rôses, de même que ceux qui couronnent le fronton, & ceux qui sont en bas sur les volets, sont un très-bel effet, les derniers sur tout qui sont allusion à l'étude. On y a joint un profil & une échelle. La planche 93 n'a pas besoin d'être expliquée. La suivante en contient les moulures en grand, avec une échelle qui donne la manière de faire les moulures propres à toutes sortes de bibliotheques.

Prenez toute la hauteur de la partie supérieure, & la divisez en vingt parties égales, l'une desquelles il faut encore diviser, premierement en trois autres parties égales, & ensuite en quatre. Après cela redivisez une de ces quatre parties en douze parties aussi égales, comme vous voyez dans la planche. Puis tirez une ligne diagonale d'un angle à l'autre, dans l'une de ces petites divisions, qui vous serviront de regle pour tirer des moitiés, des quarts & des trois quarts. C'est sur cette échelle qu'on a déssiné ces moulures, & il faut suivre la même méthode pour les autres bibliotheques.

PLANCHES XCV. XCVI.

Bibliotheque avec ses dimensions. La planche 96 en représente les moulures : l'échelle est la même qu'à la planche précédente : il y a aussi à gauche des moulures différentes pour la plinthe & pour la base de dessus.

PLANCHE XCVII.

Bibliotheque dans le gout Gothique : les moulures sont représentées en grand, avec les centres propres d'où on doit les tirer. A est le plan des moulures du dedans des volets, dont il faut travailler la moitié sur le chassis en dehors.

PLANCHES XCVIII. XCIX.

La premiere de ces deux planches est une bibliotheque avec son profil & une échelle, de sorte qu'elle n'a pas besoin d'être autrement expliquée. La seconde contient les moulures en grand avec une échelle, comme à la planche 94.

PLANCHE C.

Bibliotheque dans le gout Gothique, avec une échelle & le profil. On voit à gauche les moulures, & la moitié du chapiteau. Les piliers du milieu doivent être attachés en partie sur l'un des volets, & en partie sur l'autre, de sorte que les volets s'ouvrent ensemble. Pour coller ainsi sur le volet du milieu l'une des trois colonnes du pilier du milieu qui est à droite, il la faut couper à la base & au chapiteau, afin qu'elle puisse tourner suspendue sur ses gonds en haut & en bas : le volet qui est à gauche doit avoir une des colonnes du pilier collée du côté qu'il s'ouvre. Et afin que les volets jouent mieux, il faut que les colonnes des piliers, ne se touchent pas tout-à-fait, mais qu'elles soient un peu séparées l'une de l'autre, comme on peut remarquer dans le plan. A est le plan du pilier, & B le chassis du volet.

PLANCHES CI. CII.

Autre Bibliotheque dans le gout Gothique. Tous les piliers font partie des volets, qui doivent s'ouvrir sans le moindre obstacle, puisque les bases & les chapiteaux ne sont point coupés. La planche 102. en représente toutes les moulures en grand, avec le plan des piliers sur un des chassis des volets, & une échelle, comme à la planche 94.

PLANCHE CIII.

Desseins de Cabinets d'orgues. Je n'en ai point marqué les dimensions, parce qu'on en doit proportionner la grandeur à celle des chambres pour lesquelles ces cabinets sont destinés. S'ils sont bien faits, & que les ornemens soient proprement dorés, de même que les tuyaux, ils auront une apparence magnifique.

PLANCHE CIV.

Deux autres desseins de Cabinets d'orgues, l'un dans le gout Gothique, & l'autre selon l'Architecture moderne. Ils sont bien simples, & aisés à comprendre.

PLANCHE CV.

Orgue propre à une petite église. Le milieu est en faillie, & les ressauts des piédestaux s'étendent en ligne courbe jusqu'aux encoignures, fesant un angle de front qu'on peut remarquer aux endroits ombrés du piédestal. Si l'on trouvoit de trop les ornemens dont la tour du centre est couronnée, on pourroit les supprimer. Il y a une échelle sur le dessein.

PLANCHE CVI.

Orgue dans le gout Gothique. La plupart des Eglises Cathédrales étant d'architecture Gothique, il est suprenant que les orgues qui y sont ne répondent pas à l'architecture du vaisseau. Ce dessein-ci pourra peut-être contribuer à faire réformer une disposition si mal-entendue. Pour rendre les tours de cette orgue complettes, il faut en garnir les côtés de tuyaux, comme les devans, ainsi qu'on peut voir dans le plan, & leur donner la même forme. Il y a aussi au bas du dessein une échelle pour prendre les dimensions des tuyaux, &c.

PLANCHE CVII.

Meuble composé d'un Sécrétaire & d'un cabinet de livres en perspective. Le bas, qui a deux volets consiste en coulisses garnies de molleton, & fait une armoire commode pour serrer des habits. Les volets d'en haut doivent être de glaces. A est le dedans du bureau avec des tiroirs, &c. C le profil, & B la corniche en grand, avec l'échelle nécessaire.

PLANCHE

(15)

PLANCHE CVIII.

Autre meuble semblable au précédent. Le cabinet de livres doit avoir un miroir pour volet : le bureau est compôsé de tiroirs avec des armoires à chaque côté. On peut tenir en dedans des livres, arrangés dans des cloîsons d'ais. Les dimensions sont sur le déssein.

PLANCHE CIX.

Autre meuble semblable dans le gout Chinois. Le cabinet de livres doit se fermer avec des volets de glace. On peut faire deux tiroirs de l'ornement qui est au bas du cabinet. Les dimensions sont sur le déssein.

PLANCHE CX.

Autre meuble semblable pour l'usage, mais d'un gout différent: les deux volets d'en haut doivent être de glaces, & le bas peut être compôsé de volets ou de tiroirs. Les dimensions sont sur le déssein.

PLANCHE CXI.

Autre meuble semblable supporté de piés, ou de treteaux. On peut faire deux tiroirs au bas du cabinet, à l'endroit de l'ornement qu'il y a. Le dedans du bureau est-au-dessous. Les dimensions sont sur le déssein.

PLANCHE CXII.

Grand bureau avec un cabinet de livres, propre pour ceux qui font de grôsses affaires. Les battans du cabinet doivent être de glaces. Les corniches du milieu & des côtés auront grand air, si le déssein en est bien éxécuté. On peut faire dans les armoires du bureau des cloisons pour y tenir des livres de compte. Il y a au milieu des tiroirs pour des papiers, &c. avec un vuide pour les genoux. A est le dedans du pupitre, consistant en tiroirs, & autres commodités en façon de boulins. On peut mettre des serrures aux petits volets : Les moulures sont représentées en grand avec une échelle.

PLANCHE CXIII.

Ce déssein représente un meuble compôsé d'un Cabinet & d'une armoire avec des ais en coulisses pour des habits. On peut faire deux layettes de l'ornement qu'il y a au milieu : & si l'on revet le cabinet de volets, ils doivent être de glaces. A est le plan avec une échelle. On a les moulures en grand à la droite du déssein.

PLANCHE CXIV.

Ce meuble est compôsé d'une toilette ou d'un bureau, avec un cabinet de livres. L'ornément en ciselure, qui est au dessous du cabinet, doit faire une layette propre pour une toilette ou pour un bureau. Les côtés du cabinet sont diversifiés à déssein. A est le profil du meuble. B la profondeur du vuide pratiqué pour les genoux. On voit les moulures en grand avec une échelle.

PLANCHE CXV.

Toilette avec un cabinet de livres. Les volets du cabinet doivent être de glaces : & la layette de la toilette doit être à l'endroit de l'ornement en ciselure. Le bas peut être compôsé de tiroirs ou de petites armoires. Les dimensions sont sur le déssein avec les moulures en grand.

PLANCHE CXVI.

Bureau & Cabinet de livres pour une Dame. Le cabinet doit avoir des volets de glaces. Les piés du milieu se tirent avec un tiroir, dont le dessus forme un pupitre couvert de drap verd ou de maroquin, pour écrire. A est le plan du cabinet, & B celui du bureau. On peut faire de petits tiroirs aux encoignures du bureau. Le déssein contient les moulures en grand, avec une échelle.

PLANCHE CXVII.

Autre meuble semblable au précédent, avec cette différence que le tiroir du milieu peut se tirer sans l'ornement. A est le plan du haut, & B celui du bas. On a à gauche les moulures en grand avec l'échelle nécessaire.

PLANCHE CXVIII.

Déssein de Toilette. Le premier tiroir peut servir de boëte pour enfermer tout ce qui concerne une toilette, de la même manière qu'il est représenté dans la planche 52 à C. On a ménagé deux autres tiroirs au fonds du vuide pratiqué pour la commodité des genoux : & il y a à chaque côté des volets, pour enfermer d'autres petits tiroirs, ou des ais pour y poser ce qu'on veut. Au milieu de la partie supérieure est un grand miroir, qu'on peut tirer en avant par le moyen de gonds brisés. A chaque côté du miroir il y a un volet assez grand sur lequel des tiroirs sont représentés. Ce dernier ouvrage se joint à l'ornement qui soutient la partie d'en haut de la toilette, avec la draperie. Les ornemens auront meilleure apparence, s'ils sont dorés d'or bruni. On peut faire le reste de toute sorte de bois convenable, ou le peindre de quelque couleur que ce soit, & le vernisser en façon d'ouvrage du Japon. La draperie doit être de damas garni de grandes crépines d'or, & de glands.

PLANCHE CXIX.

Autre déssein de Toilette. Le miroir a une bordure à compartimens, & des gonds pour pouvoir se tirer en avant, comme dans la planche précédente. La tavayolle passe par derrière les piés de la table, ce qui a meilleur air. On peut dorer les ornemens de cette toilette, ou les vernisser à la manière du Japon.

PLANCHES CXX. CXXI.

Deux désseins de Cabinets, avec les moulures en grand & les dimensions. Le déssein représente la moitié du dedans de chaque cabinet. Le reste n'a pas besoin d'être expliqué.

PLANCHE CXXII.

Deux autres désseins de cabinets. Celui de la gauche a un volet à deux battans. L'ornement qu'on y voit doit être de filigrane, & y être appliqué. Les autres ornemens peuvent être sculptés en bois, ou on peut les faire de cuivre, ou même d'argent. Le cabinet qui est à la droite de la planche a un volet au milieu avec des tiroirs de chaque côté. Il faut que les ornemens du volet y soient attachés, & qu'ils s'ouvrent ensemble. On peut jeter en cuivre ou en argent les piés du cabinet, & les autres ornemens. A & B représentent la moitié du plan de ces cabinets.

PLANCHE CXXIII.

Cabinet de la Chine avec des tiroirs au milieu, & des volets différens à chaque côté. Tout le bas ne fait qu'un tiroir. Dans ce déssein, les piés, de même que le chassis, doivent être travaillés à jour : mais on peut aussi les faire massifs, & y appliquer ensuite ces ornemens.

PLANCHE CXXIV.

Cabinet Gothique. Il doit y avoir un tiroir à l'ornement du bas. Le cabinet est ouvert au milieu à B, B, B. Le devant des ais est revetu d'ornemens qui y sont plaqués : & il y a de petits tiroirs aux deux côtés. Les moulures sont représentées en grand sur le déssein, avec une échelle.

PLANCHE CXXV.

Autre Cabinet avec un volet de glace qui peut être tranfparent ou argenté. Les piliers Gothiques s'ouvrent avec le volet, & y font collés. Tout le bas ne fait qu' un tiroir. On peut retrancher les ornemens qu'il y a fur la corniche, fi on les trouve fuperflus. Les piés font ouverts au milieu dans toute leur longueur : mais on peut les faire maffifs, en rempliffant feulement le vuide d'un panneau, fans rien changer au déffein. A, B, C, repréfentent les moulures en grand.

PLANCHE CXXVI.

Garderobes. Ce déffein repréfente des coffres pour ferrer des habits. Celui qui a deux battans fait une efpece d'armoire avec des ais en couliffes, qu'on change de place à fouhait, ce qui le rend très-commode pour tenir des habits féparés les uns des autres : Les ais font revetus d'étoffe verte pour couvrir les hardes : Les dimenfions font marquées fur le déffein : mais on peut les étendre, fi on le trouve néceffaire.

PLANCHES CXXVII. CXXVIII.

Meubles femblables aux précédens, avec des traiteaux, ou des piés plus élevés. Selon le déffein, ils doivent s'ouvrir par en haut, mais on peut les faire pour s'ouvrir par devant avec des battans, & pour être garnis de couliffes : ce qui eft certainement plus commode. Les piés, de même que les devans, font differens, pour s'accommoder aux différens gouts.

PLANCHE CXXIX.

Autre forte de Garderobe. Elle confifte en grands volets, avec des couliffes horifontales en dedans, & en trois grands tiroirs en bas. Les moulures font repréfentées en grand fur le déffein, de même que les dimenfions.

PLANCHES CXXX. CXXXI.

Autres garderobes avec leurs plans & leurs moulures en grand. Si on en trouve les ornemens fuperflus, on peut les retrancher, en confervant le déffein du meuble. Il eft facile à comprendre, tout ce qu'il y a d'effentiel y etant marqué.

PLANCHE CXXXII.

Cette planche repréfente un déffein de Cabinet de la Chine, avec des vôlets de glaces. Les piés font à jour, mais on peut les faire maffifs, & y appliquer l'ornement : Le bas du cabinet fe partage en trois tiroirs. On a les dimenfions & les moulures en grand.

PLANCHE CXXXIII.

Autre Cabinet de la Chine. Le fommet avance plus fur les côtés que fur le devant. Les moulures font en grand fur le déffein, avec le plan du milieu du chaffis : les volets font à feuillure. Quant à la méthode de travailler les moulures & de couper les onglets, elle fe trouve à la planche 86e. chiffre 1.

PLANCHE CXXXIV.

Cabinet de la Chine avec des vôlets de glaces : le profil eft à la droite du déffein. Il y a entre les piés du milieu un petit baldaquin pour une figure de la Chine, ou quelqu' autre ornement qu'on pouroit mettre deffous.

PLANCHE CXXXV.

Grand Cabinet de la Chine revetu par tout de glaces. La partie fupérieure du milieu eft ouverte par devant, & garnie par derrière & aux côtés d'un chaffis à lofanges. On peut, fi bon femble, retrancher

retrancher l'ornement triangulaire de deffus les deux efpeces de baldaquins qui accompagnent le grand du milieu, auffi bien que les ornemens qui font au bas des piés, & y fubftituer des plinthes. Il y a un profil à droite avec une échelle.

PLANCHE CXXXVI.

Autre cabinet de la Chine revetu de glaces. On peut, fi bon femble, faire trois tiroirs dans le chaffis. Les dimenfions & les moulures en grand font dans le déffein.

PLANCHE CXXXVII.

Autre grand Cabinet de la Chine, affez convenable à la chambre d'une Dame: on peut le faire de toute forte de bois tendre, & le vernifler en façon d'ouvrage du Japon. Le milieu a deux volets à feuillure comme à la planche 133. Toutes les pieces de ce meuble doivent fe travailler féparément. Les piés font à jour, mais le chaffis qui foutient le cabinet doit être maffif, autrement il feroit trop foible. Tous les volets doivent être revetus de glaces. Le fommet avance plus fur les côtés que fur le devant. Les moulures font en grand fur le deffein, avec les dimenfions. Quant à la méthode de travailler ces moulures, de couper les onglets & de les ajufter, elle fe trouve à la planche 86. chiffre 1.

PLANCHE CXXXVIII.

Voici des deffeins de Tablettes pour des livres ou pour de la porcelaine. Ces tablettes font fort convenables à la chambre où une Dame s'habille. Celle qui eft à droite doit avoir des volets de glace, & les côtés doivent être faits comme C. L'autre eft fans volets, & le devant des ais n'a point d'ornement. Elles ont toutes deux, fous les côtés, un morceau de fculpture en façon de confole, qui, felon moi, contribue à les embellir, quoiqu'on ne faffe guères ces fortes de tablettes avec des confoles. C eft le profil avec l'échelle néceffaire.

PLANCHE CXXXIX.

Autres deffeins de tablettes. Celle qui eft à gauche eft revetue d'un chaffis à différentes figures, qui doivent être remplies de glaces, & peut avoir deux tiroirs en bas, à l'endroit de l'ornement à jour. *b* eft le profil de B. La tablette qui eft à droite n'a point de glaces, pas même aux côtés. *a* eft le profil A. Il y a fur le deffein une échelle pour en tirer les particularités.

PLANCHE CXL.

Autres tablettes, avec des fommets en façon de baldaquin. On en trouve le plan au deffous, avec une échelle, de forte qu'il feroit inutile de s'y arrêter.

PLANCHE CXLI.

Tablettes pour de la porcelaine. Ce meuble a des piés qui le foutiennent, & eft couronné d'une coupole travaillée à jour, avec de petites tourelles aux côtés. Le plan & le profil font à droite avec l'échelle néceffaire.

PLANCHE CXLII.

Tablettes de la Chine. Ce meuble doit être verniffé à la façon des ouvrages de ce pays-là. Les côtés ont des volets en chaffis, mais fans glaces, & leurs fommets font foutenus par des jambages qui fe réuniffent au milieu en forme de toît. Les piés font à jour: l'ouvrage eft dailleurs facile à comprendre. A en eft le plan, avec une échelle.

PLANCHE CXLIII.

Autres Tablettes de la Chine, avec le plan & une échelle. Les trois quarrés qu'on voit dans le plan, reprefentent les dimenfions des tablettes.

(19)

PLANCHE CXLIV.

Six défseins de Guéridons. Ils ont chacun trois bras & trois piés, ou trois côtés. La hauteur en est communément de trois piés six pouces à quatre piés six pouces: & ils s'étendent en bas à proportion.

PLANCHE CXLV.

Quatre autres défseins de guéridons. Les côtés font affemblés à onglets. Si ces défseins font exécutés comme il faut, & que l'ouvrage foit doré proprement, cela aura une apparence fuperbe.

PLANCHE CXLVI.

Trois autres défseins de guéridons. Celui du milieu est dans le gout Chinois, & a fept bobeches pour des lumières.

PLANCHE CXLVII.

Quatre gueridons fur lefquels on peut placer des buftes dans l'occafion, & qui font fort convenables à de grands appartemens. Celui qui est à gauche est fait pour un globe de verre qu'on pofe dans un ornement qui est au haut. On peut pratiquer dans le guéridon même une bobeche attachée à un morceau de bois, qu'on feroit monter & défcendre par le moyen d'une corde & d'une poulie.

PLANCHE CXLVIII.

Quatre Termes pour des Buftes. On en voit le plan au deffous du défsein avec l'échelle néceffaire.

PLANCHE CXLIX.

Trois défseins d'efpeces de piédeftaux pour de grands vâfes de la Chine. S'ils font bien exécutés, & que l'ouvrage foit doré, ou verniffé à la maniere du Japon, il aura une grande apparence.

PLANCHE CL.

Défseins de Piédeftaux. Deux de ces fix piédeftaux font décorés des emblêmes de la Guerre, & un autre de la Mufique & de la Poëfie, & par conféquent ils font fort propres pour des ftatues de Héros & de Poëtes.

PLANCHE CLI.

Défseins de Cuvettes. Les ornemens en doivent être de cuivre. Celle du bas peut être de bois, ou de marbre taillé d'un bloc. On peut faire les autres de plufieurs parties, jointes avec des bandes de cuivre.

PLANCHE CLII.

Défseins de Lanternes. Ces lanternes font pour des veftibules, des falles ou des efcaliers, & les joints, de même que les ornemens, en font ordinairement de cuivre, jeté en moule. Il y en a deux carrées; les autres ont fix faces; & quelques-unes doivent être un peu arrondies par en haut ou par en bas. J'ai mis une échelle dans le défsein: mais les dimenfions doivent varier felon les lieux où elles doivent fervir.

PLANCHE CLIII.

Trois autres lanternes. Celle du milieu est fort grande; l'autre à gauche a la forme d'un œuf; & la troifieme, à droite est quarrée, mais avec des encoignures enfoncées, comme on peut voir dans le plan.

PLANCHES

PLANCHES CLIV. CLV.

Désseins de Chandeliers à branches. Ils sont ordinairement à six faces, quoique celui qui est à gauche dans la planche 155 n'en ait que quatre : on en trouve le plan au dessous, du moins la moitié du plan. Les deux qui sont au bas de la planche 154 sont massifs : il me semble que les autres sont préférables. On fait quelquefois ces chandeliers de cuivre, ce qui les fait revenir à beaucoup d'argent : mais je conseillerois de les faire de bois, & de les dôrer d'or bruni.

PLANCHE CLVI.

Désseins d'Ecrans. A & B ont chacun deux feuilles qui se plient l'une sur l'autre, & la bordure du papier de la Chine est à jour. L'autre est monté sur un pié, & se hausse & se baisse.

PLANCHE CLVII.

Trois autres écrans. Celui qui est à la droite à deux feuilles qui se plient l'une sur l'autre. Les autres, montés sur un pié, se haussent & se baissent.

PLANCHE CLVIII.

Trois autres écrans à chevalet, qui sont montés sur quatre piés. Celui qui est à la gauche se hausse. La menuiserie de tous ces écrans doit être doré d'or bruni.

PLANCHE CLIX.

Désseins de Coffrets à Thé, avec le plan au dessous de chaque coffret, & une échelle pour prendre la mesure de toutes les parties qui les composent. On en peut faire les ornemens de cuivre ou d'argent, comme on jugera à propos.

PLANCHES CLX. CLXI.

Désseins de Consoles pour des Bustes, ou des Vases de la Chine. On n'en marque pas les dimensions, qui dépendent de l'usage auquel on les fait servir.

PLANCHE CLXII.

Consoles pour des tables de marbre. A en est le chassis.

PLANCHE CLXIII.

Désseins de Boëtes de Pendules, avec leurs plans & une échelle.

PLANCHE CLXIV.

Autres Boëtes de Pendules. A est le plan du haut & du milieu de la boëte qui est à gauche. B est le plan du piédestal, & C la moulure qui regne tout-au-tour. Le haut de la boëte du milieu est soutenu de deux colonnes Ioniques cannelées, avec leurs piédestaux. A, A, sont les deux colonnes, qui doivent être creuses, à cause des poids de la pendule; & pour qu'on puisse ouvrir la boëte, il faut que les colonnes soient coupées en deux par le milieu dans toute leur longueur, de sorte qu'une moitié demeure fixe & que l'autre s'ouvre. C est le dedans où le pendule fait ses vibrations. B, B, B, sont les vitres. A, A, les deux pilastres de derriere. Le haut est couronné de quelques emblêmes du Tems. Ce haut, qui est orné de feuillages, est travaillé à jour par-tout, pour laisser répandre au-dehors le son.

Le serpent qui est au-tour du cadran de la boëte à main droite, représente la durée du Tems qui se perd dans l'éternité, & les ailes d'en haut dénotent la rapidité avec laquelle il s'envole.

PLANCHE

(21)

PLANCHE CLXV.

Boëtes de pendules à ressorts, avec une échelle, & la moitié du plan. C est le plan de la boëte; B celui de la bâse; A celui de la corniche; & *c, f*, sont les plans des colonnes. Les ornemens qui sont au-tour de la vitre, doivent faire la porte de la boëte.

PLANCHE CLXVI.

Autres sortes de boëtes de pendules à ressorts. La grande du milieu, qui est magnifique, convient à une chambre de parade, à un sallon, ou à une salle publique. Celle d'en haut, à droite, sera un bel éffet, si elle est d'ébene avec des ornemens de cuivre. Les autres auront aussi une très-belle apparence, si la sculpture en est travaillée avec délicatesse, & dôrée d'or bruni. Je conseillerois de faire les cadrans de ces pendules fort en saillie, & de faire au contraire les ornemens des boëtes le plus en arriere qu'il soit possible : ce qui aura grand air.

PLANCHES CLXVII. CLXVIII. CLXIX.

Désseins de Trumeaux, & de Bordures ovales, avec une échelle, mais sans dimensions : parce que c'est à la largeur du mur où on veut les placer à la déterminer.

PLANCHES CLXX. CLXXI. CLXXII. CLXXIII. CLXXIV.

Autres désseins de Bordures de trumeaux. Un habile Sculpteur en bois trouvera, en les éxécutant, de quoi donner carrière à sa capacité.

PLANCHE CLXXV.

Désseins de Piés pour des Tables de marbre, &c.

PLANCHE CLXXVI.

Autres piés pour des Tables de marbre. Le désseins supérieur represente dans son châssis un entablement Dorique avec ses Triglyphes & ses Métopes : il est soutenu par des Cariatides. Le châssis de l'autre table est soutenu par deux jeunes Satyres qui jouent de la flute. Ils sont apuyés contre deux vignes entremêlées de feuillages & d'autres morceaux de sculpture : ce qui aura grand air, si le désseins est éxécuté avec jugement, & que l'ouvrage soit dôré comme il faut.

PLANCHE CLXXVII.

Désseins de Girandoles.

PLANCHE CLXXVIII.

Trois autres Girandoles, dont l'une, à gauche, représente des ruines entremêlées d'autres ornemens. Il faut beaucoup de jugement pour éxécuter ce désseins. Les deux autres n'en demandent pas moins.

PLANCHE CLXXIX.

Désseins de Manteaux de cheminées, de Chambranles, de glaces, de bordures, & de toutes les autres sortes d'ornemens de sculpture qui peuvent leur convenir.

G   PLANCHE

(22)

PLANCHE CLXXX.

Paremens de cheminées. Le plan des colonnes est au-dessous. Il n'a pas besoin d'explication, étant assez connu des Architectes, des Menuisiers, &c.

PLANCHE CLXXXI.

Autres désseins de Manteaux de cheminées revetus de glaces.

PLANCHE CLXXXII.

Superbe déssein de cheminée, mais dont l'éxécution éxige un grand soin. Il faut que les reliefs soient hardis, & les feuillages appliqués bien délicatement. Si tout l'ouvrage est fait ainsi, il ne sauroit manquer de plaîre. On peut le dôrer ou le peindre : mais j'aimerois mieux n'en dôrer que le haut, & tels ornemens des autres parties qu'on jugera à propos.

PLANCHE CLXXXIII.

Autre morceau superbe, qui est un mélange d'Architecture & d'autres ornemens. Si ce déssein est éxecuté comme il faut, il ne sauroit manquer de contribuer à la magnificence d'un appartement.

PLANCHE CLXXXIV.

Autre morceau pour une cheminée. Il est compôsé d'Architecture, de Sculpture & de Ruines. Avant que de l'éxécuter, il ne sera pas inutile de commencer par en faire un modele. Le bas en est facile, mais tout le haut demande une attention particuliere. Les ornemens de Sculpture en doivent être hardis. Il faut que les ruines paroîssent sur le derriere en bas relief. La ballustrade qui est au dessus du chambranle doit etre pareillement hardie, & le chien, en dedans, tout-à-fait dégagé. Sans m'étendre davantage sur ce déssein, il suffit de dire que tout habile artiste qui l'éxécutera, saura bien le faire valoir.

PLANCHE CLXXXV.

Désseins de Bordures pour des tableaux. Les coins de cette bordure sont différens : ils sont compôsés de trophées de Musique & de chasse. Si on juge à propos d'allonger les espâces qui sont entre les coins & les milieux, on peut le faire avantageusement.

PLANCHE CLXXXVI.

Autre Bordure ornée de trophées de Guèrre aux coins & aux milieux.

PLANCHE CLXXXVII.

Bordure pour un tableau qui représente un combat naval. La guèrre présente a fourni quantité de sujèts pour des tableaux semblables, à l'honneur immortel de la marine d'Angleterre.

PLANCHE CLXXXVIII.

Désseins de Panneaux de sculpture, ou d'ornemens, pour des escaliers.

PLANCHE CLXXXIX.

Désseins d'Ecussons pour des armoiries : ils demandent une Sculpture hardie. On en peut orner des frontons de portes ou de fenêtres.

PLANCHES

PLANCHES CXC. CXCI.

Désseins de Grilles de feu, pour les cheminées où l'on brule du charbon de tèrre. Les ornemens en doivent être de cuivre travaillé, & ajustés de maniere qu'on les démonte sans peine, afin qu'on puisse aisément les néttoyer.

PLANCHES CXCII. CXCIII.

Désseins de Morceaux de menuiserie travaillés à jour. C'est assez joli, & peut servir de ballustrade en plusieurs occasions.

PLANCHES CXCIV. CXCV.

Désseins de Bordures de tapisserie, ou de papier propre à tapisser une chambre. On en a éxécuté quelques-uns, dont on a été très-content.

PLANCHES CXCVI. CXCVII. CXCVIII.

Autres morceaux de menuiserie travaillés à jour, dans le gout Gothique & Chinois. C'est fort & propre : & on en peut faire des barrières, des palissades, des grilles, & des clôtures dans des cours & des jardins.

PLANCHES CXCIX. CC.

Enfin ces deux dernieres planches représentent des désseins d'Ecussons de serrures, & de Mair de tiroirs. A & B sont des mains de coffrets à Thé.

To His Royal Highness
PRINCE William Henry &c.&c.&c.

May it please your Royal Highness,

To take the Following Work under Your Protection.

Your Royal Highness's Ready Condescension to encourage whatever is Laudable and useful in every Art and profession, emboldens the Author to lay it at Your Royal Highness's Feet, as it gives him an opportunity of assuring Your Royal Highness, that he is with the profoundest Respect

Your Royal Highness's
Most Obedient,
Most Devoted,
and
Most dutiful Servant,
Thomas Chippendale.

Tuscan Order

Doric Order

T. Chippendale inv. et del. Pub. according to Act of Parliam. 1753. T. Muller sculp.

Corinthian Order.

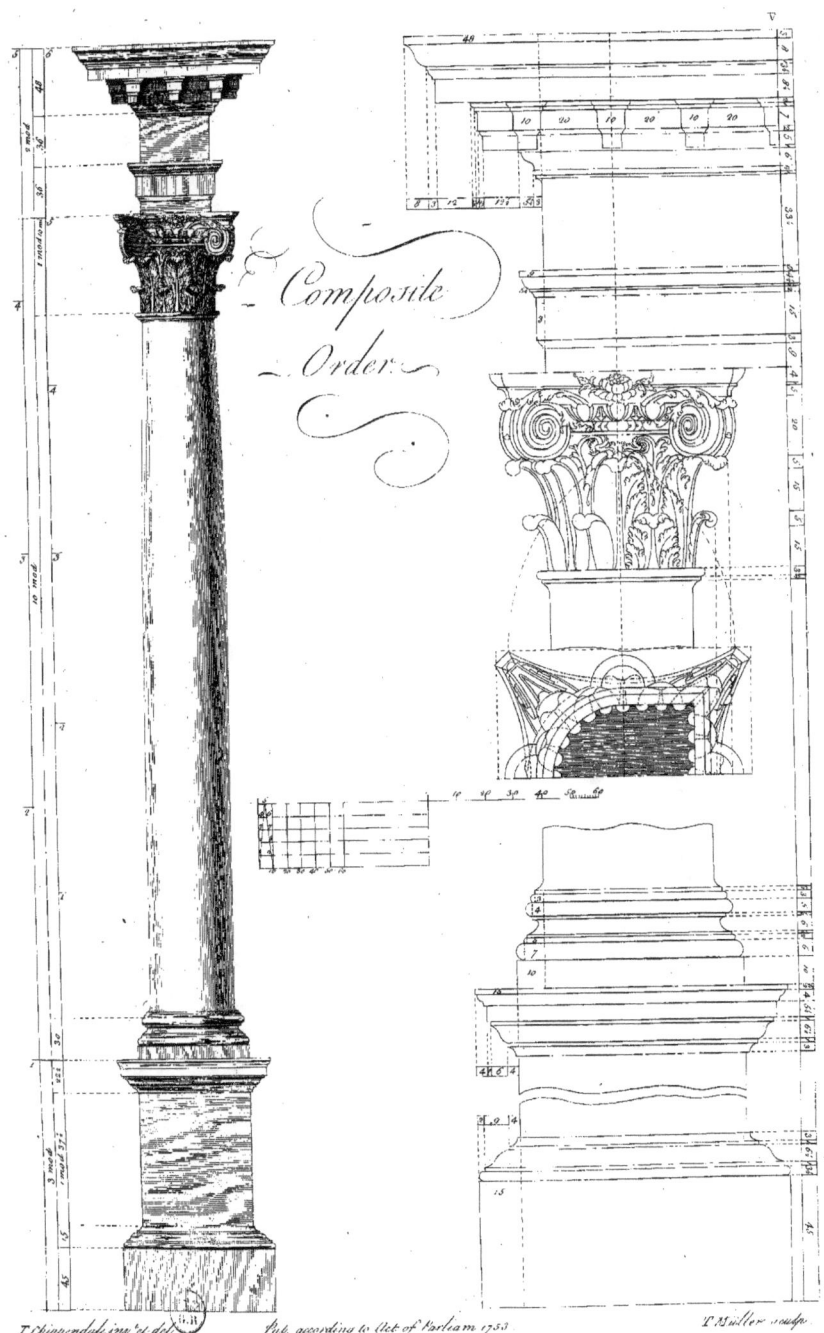

Composite Order

T. Chippendale inv.t et del. Pub. according to Act of Parliam 1753 T. Miller sculp.

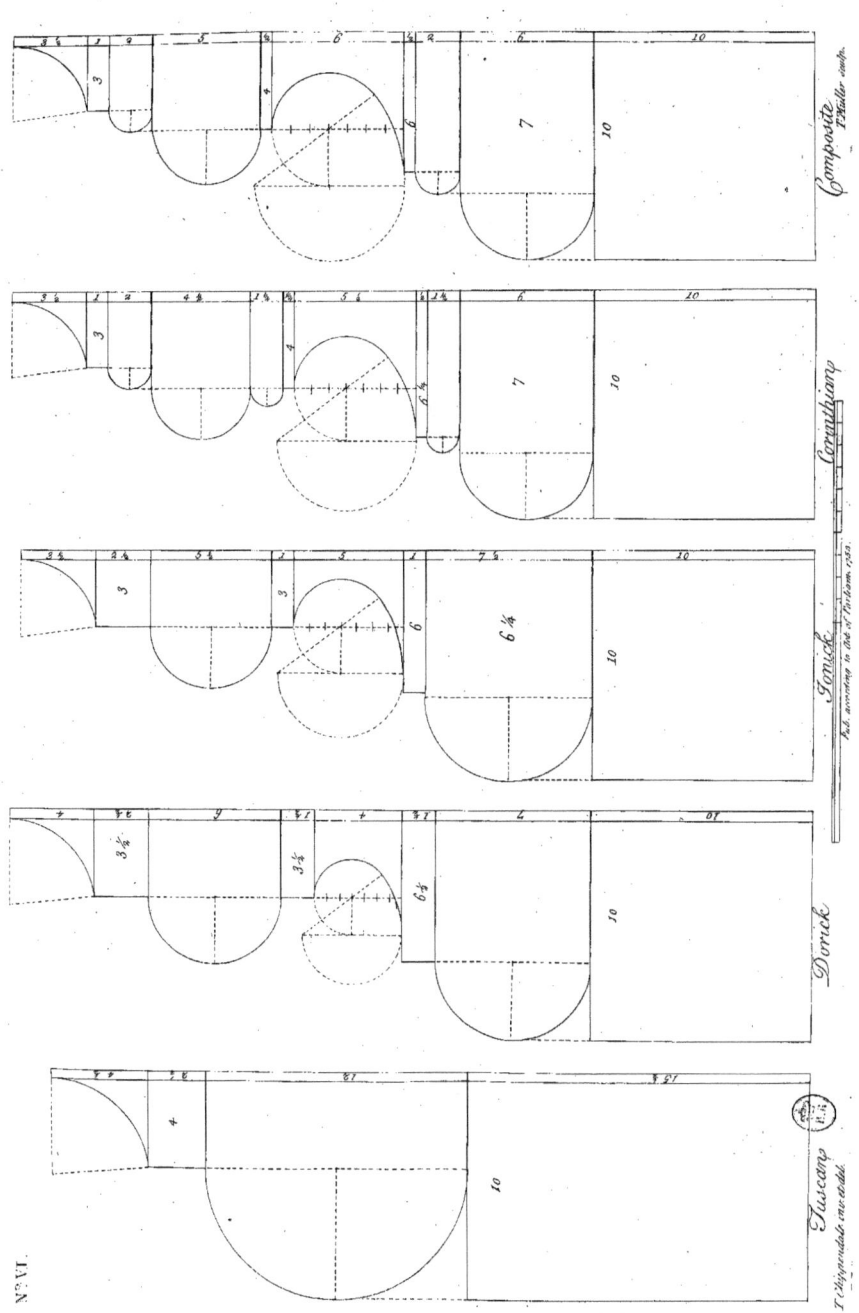

Nº VII.

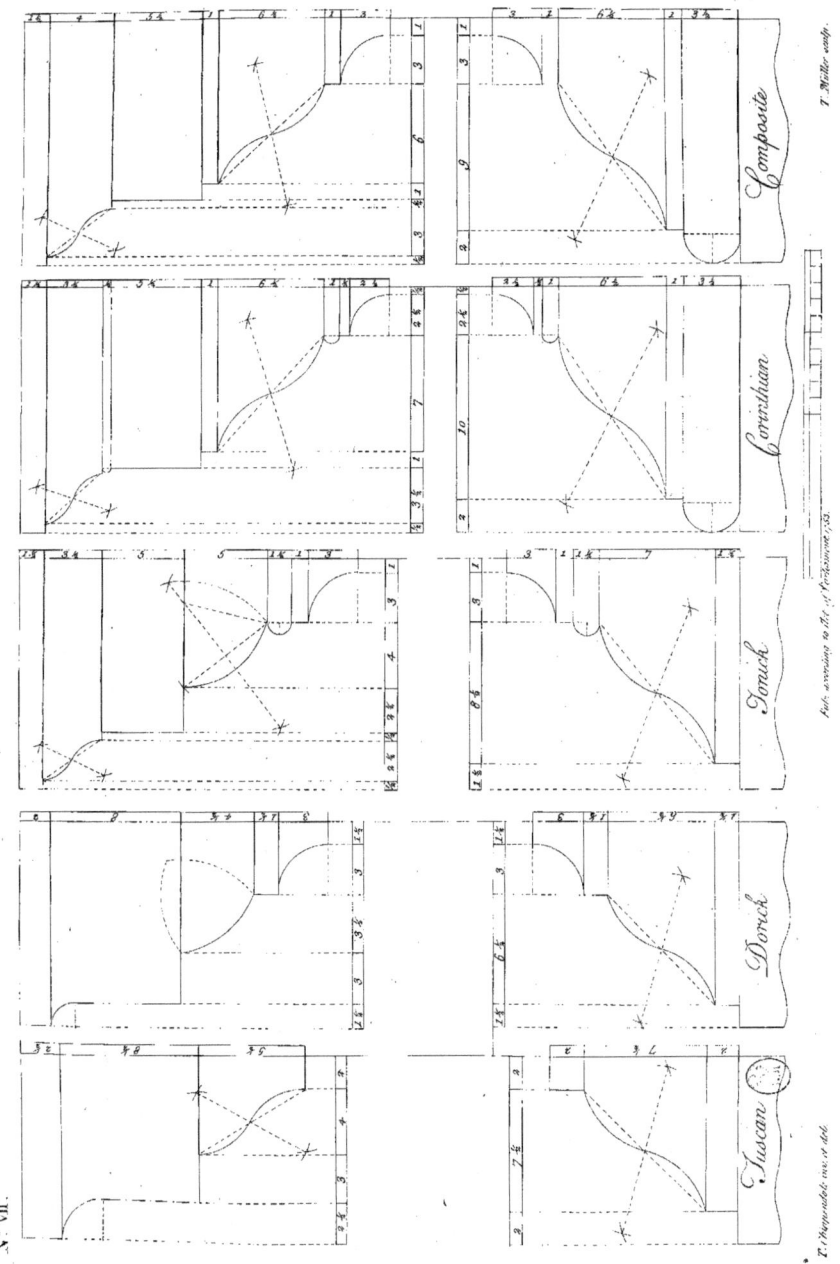

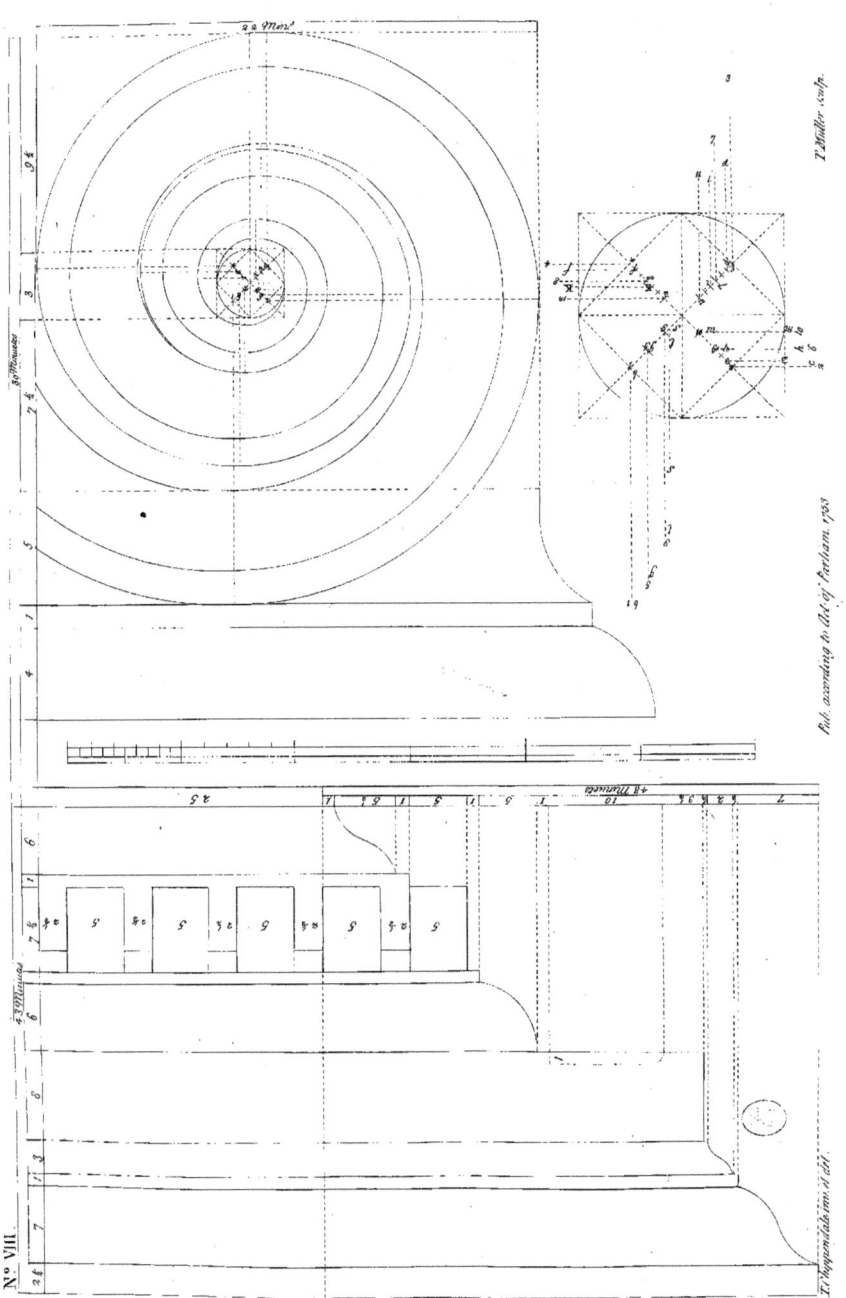

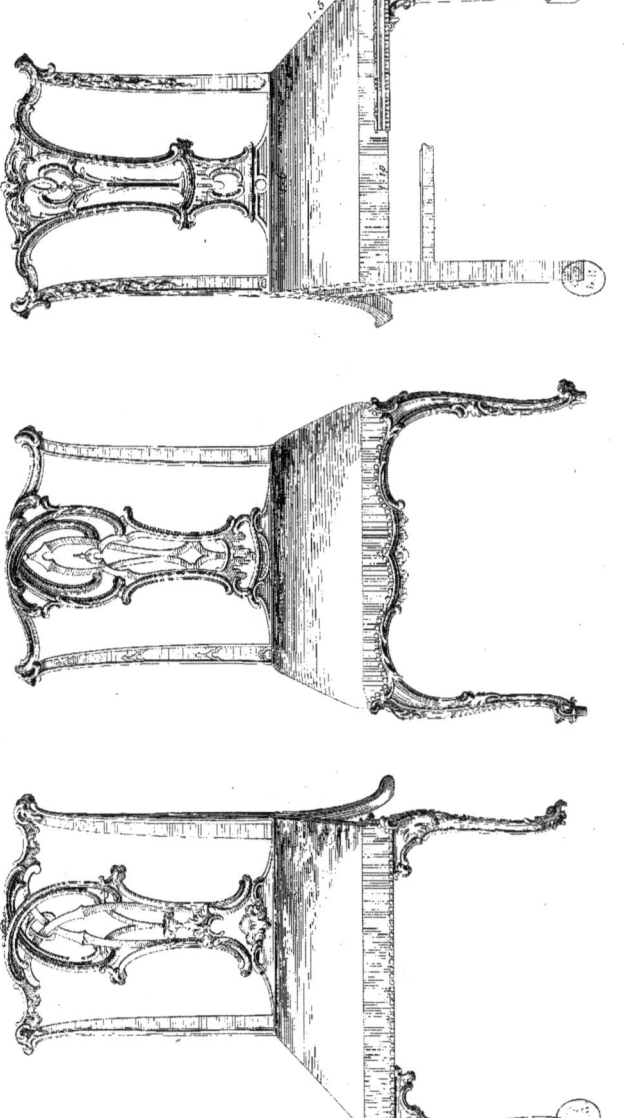

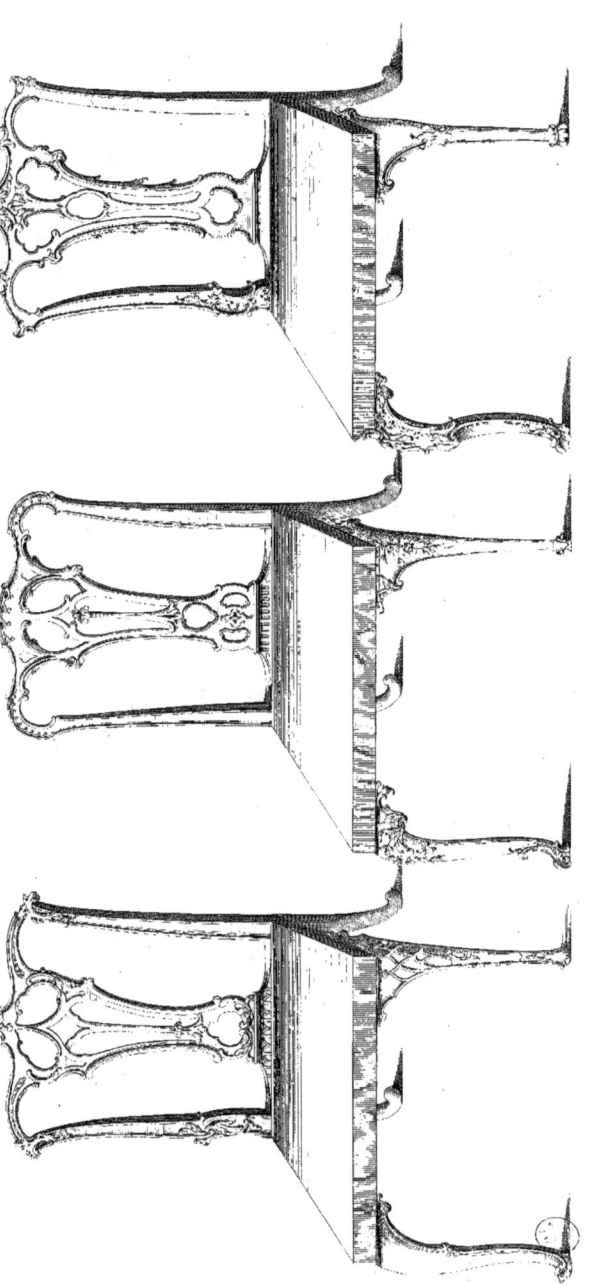

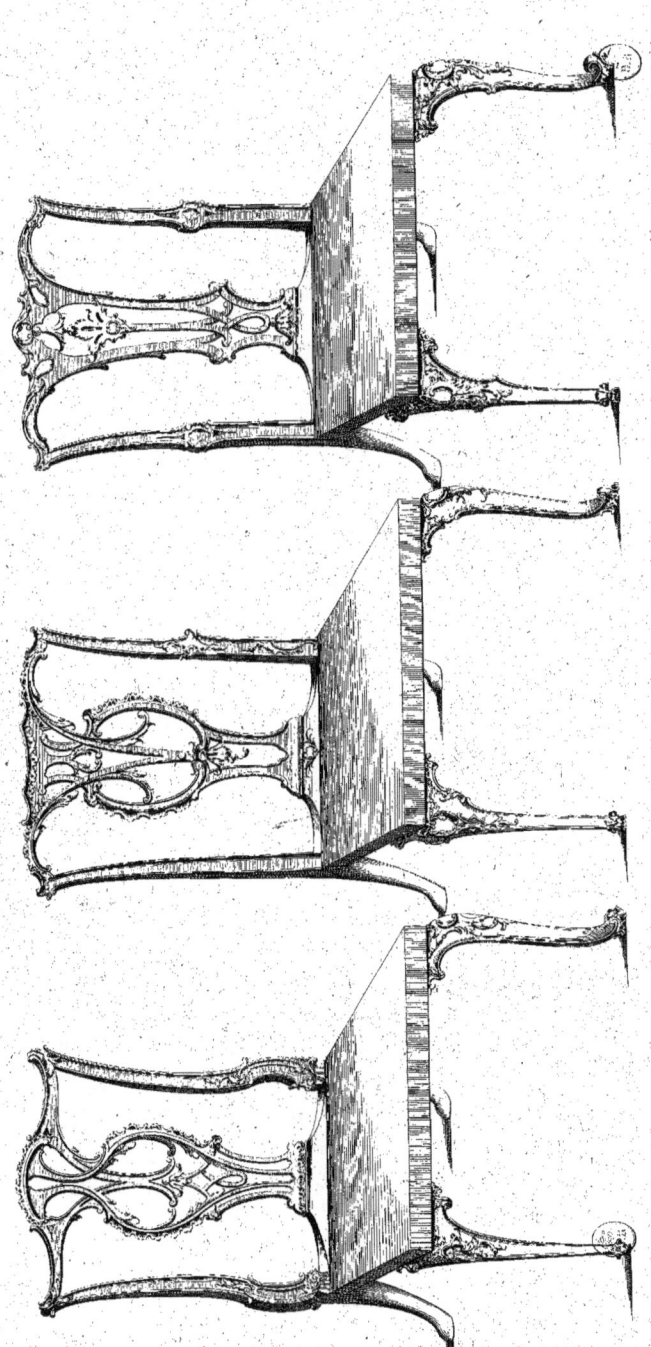

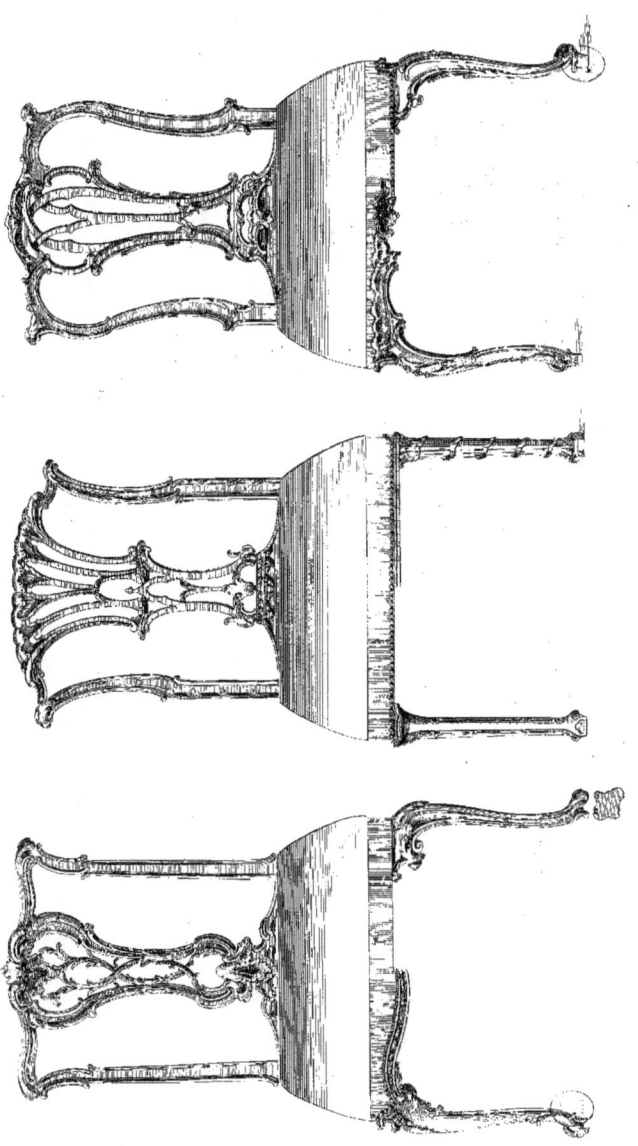

Chairs.

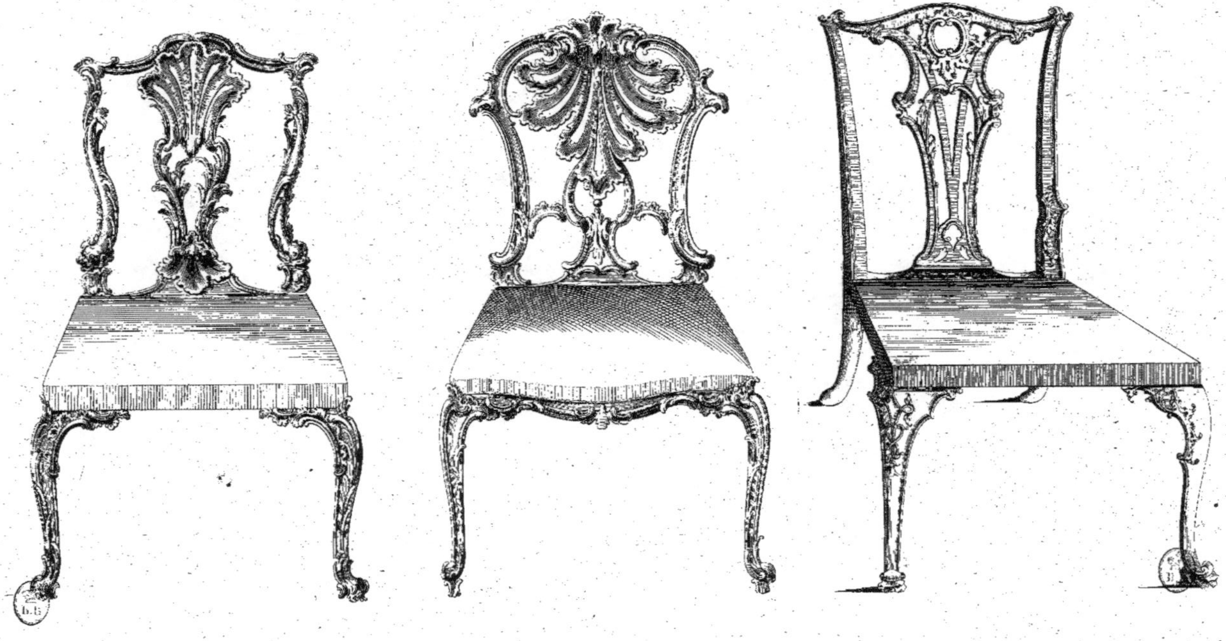

T Chippendale inv. et del

Pub.d according to Act of Parliam.t 1761.

J. Taylor Sculp.

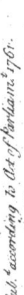

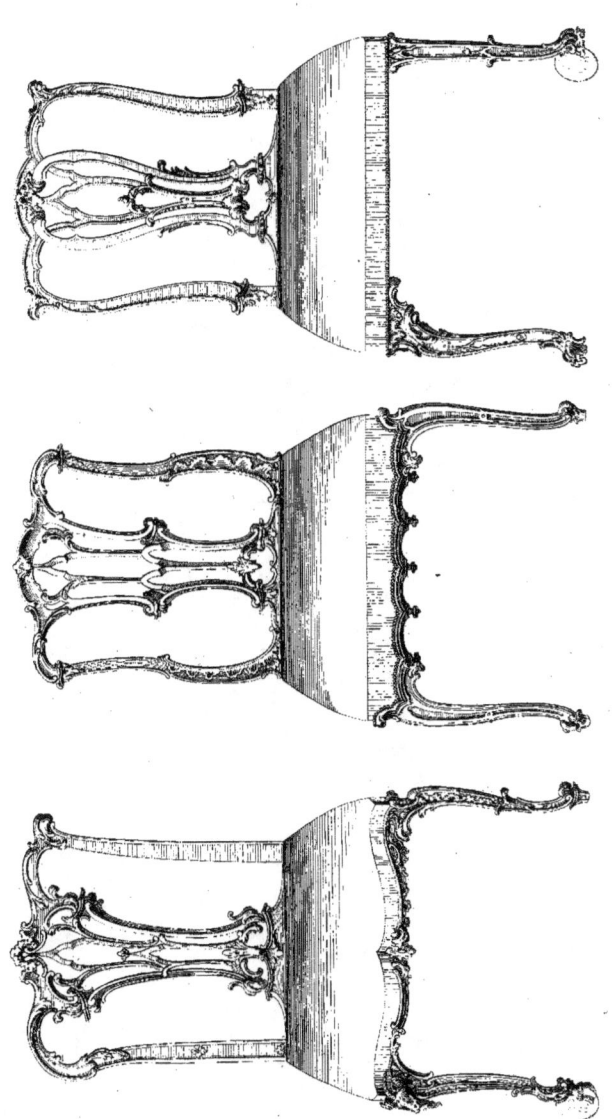

Ribband Back Chairs.

N° XV.

L. Chippendale inv.t et del.t
Published according to Act of Parliament
M. Darly Sculp.

N.º XVI.

Backs of Chairs.

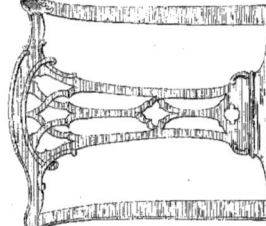
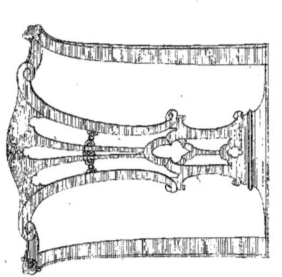
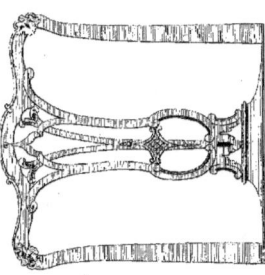
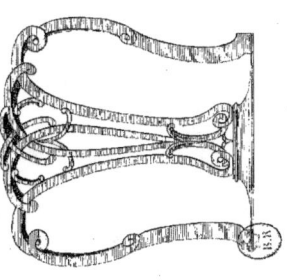

T. Chippendale invt. et del.

Miller sculp.

XVII.

Hall Chairs.

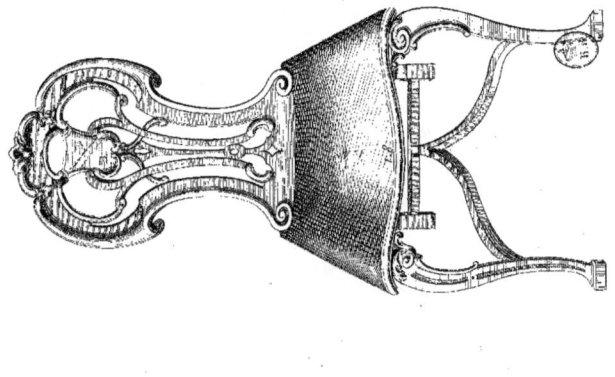
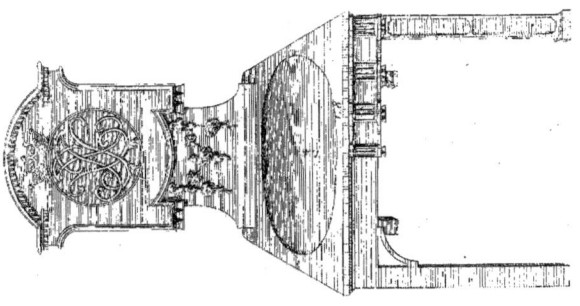
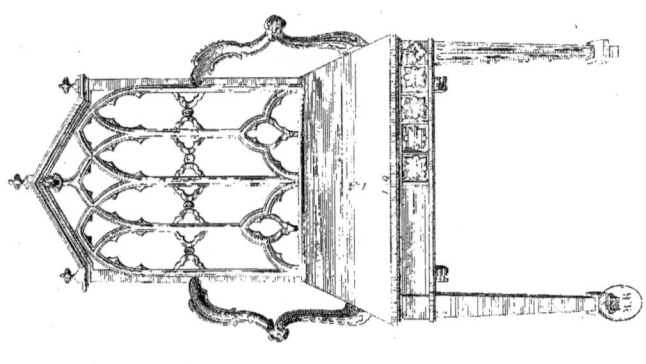

T. Chippendale inv.t et del.

Publ.d according to Act of Parliam.t 1759.

J. Taylor Sculp.

XVIII.

Hall Chairs.

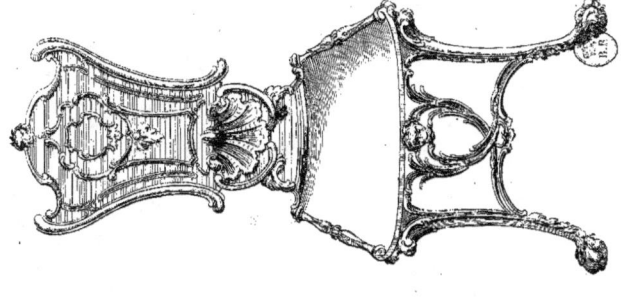
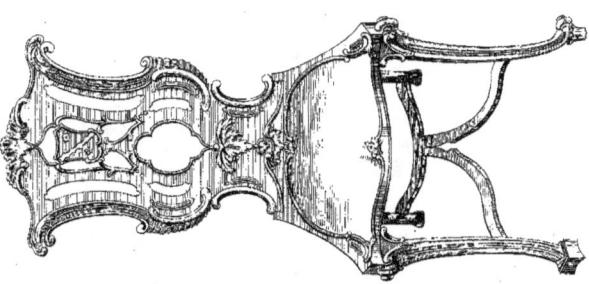
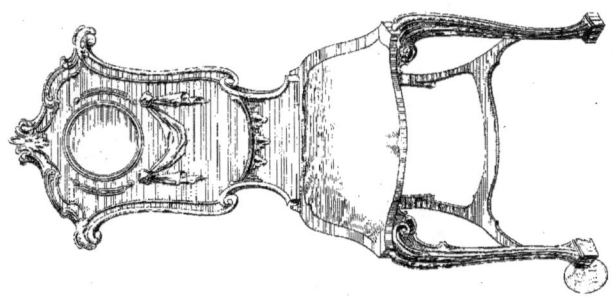

T. Chippendale inv. et del.

I. Miller sculp.

XIX.

French Chairs.

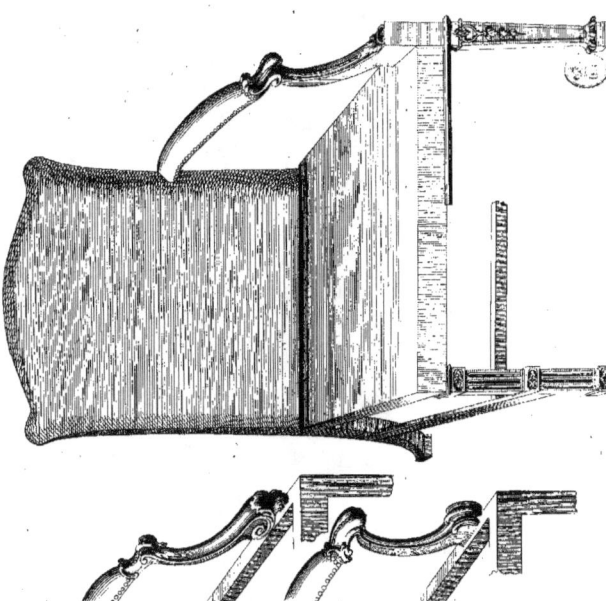

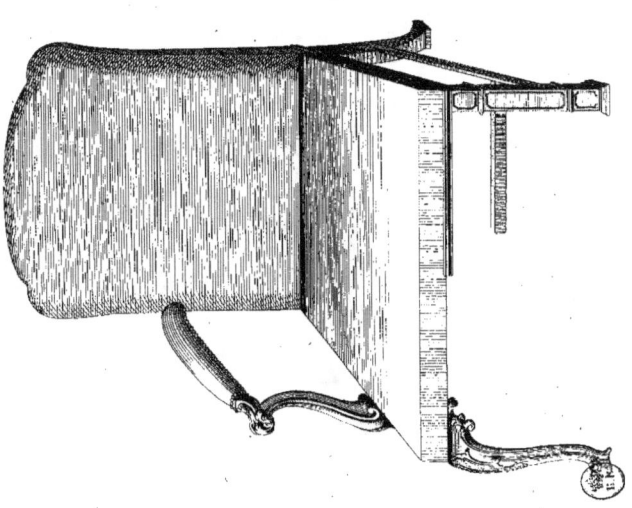

T. Chippendale inv. et delin.

I. Taylor sculp.

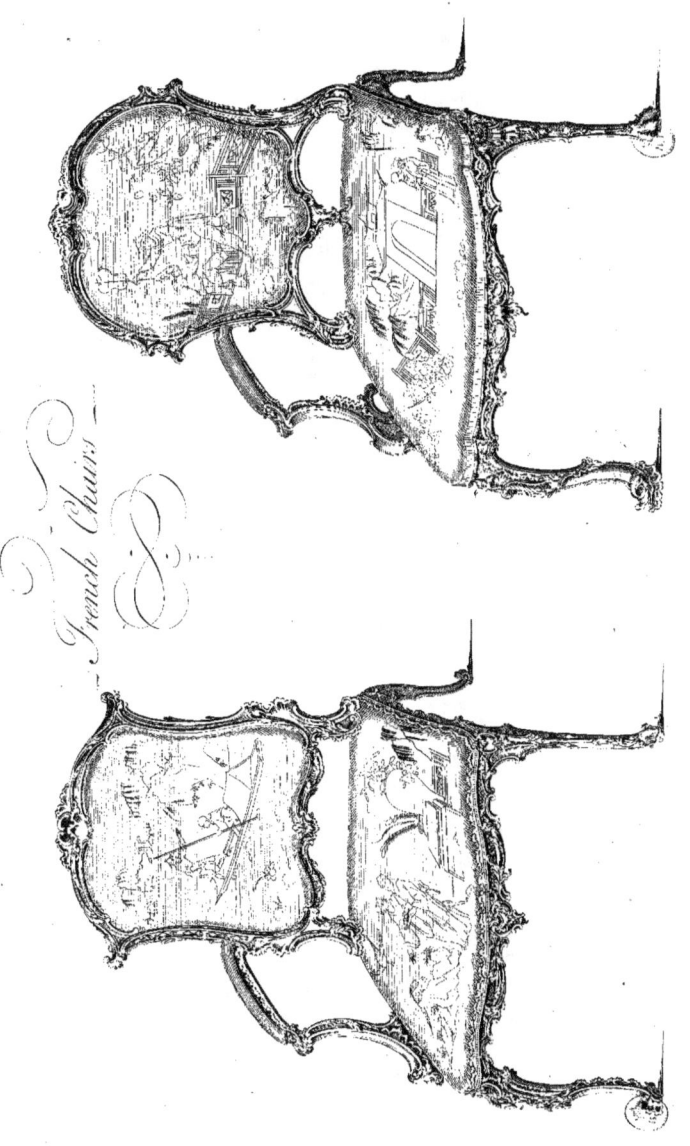

Nº XXIII

French Chairs.

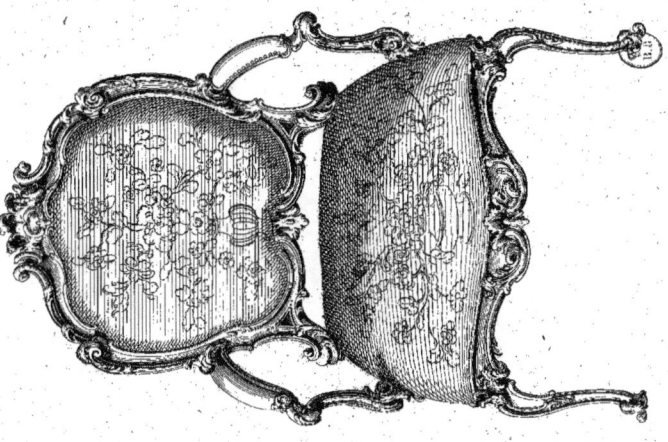

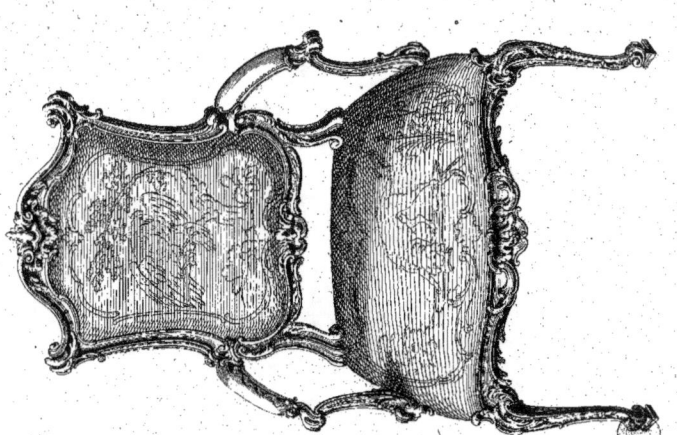

T. Chippendale inv. et delin.

Pub. according to Act of Parliam.t 1759.

I. Taylor sculp.

N° XXIII

French Chairs.

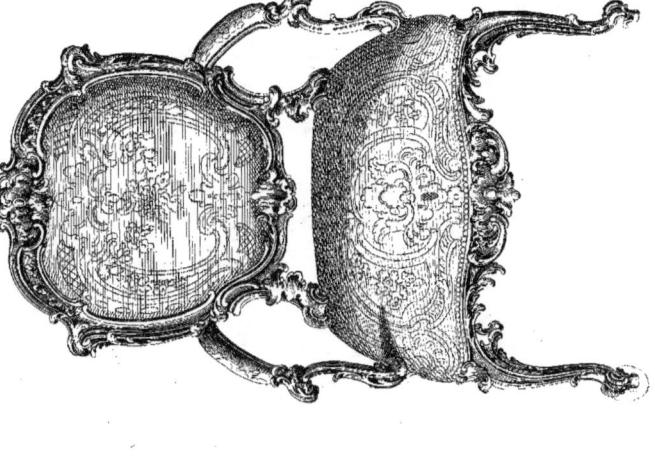

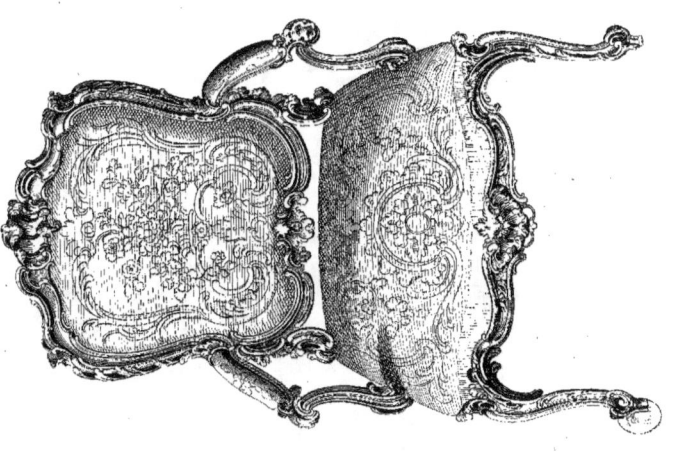

T. Chippendale inv. et del.   Published according to the Act of Parliament 1759.   T. Taylor sculp.

Nº XXIV.

Designs for Garden Seats.

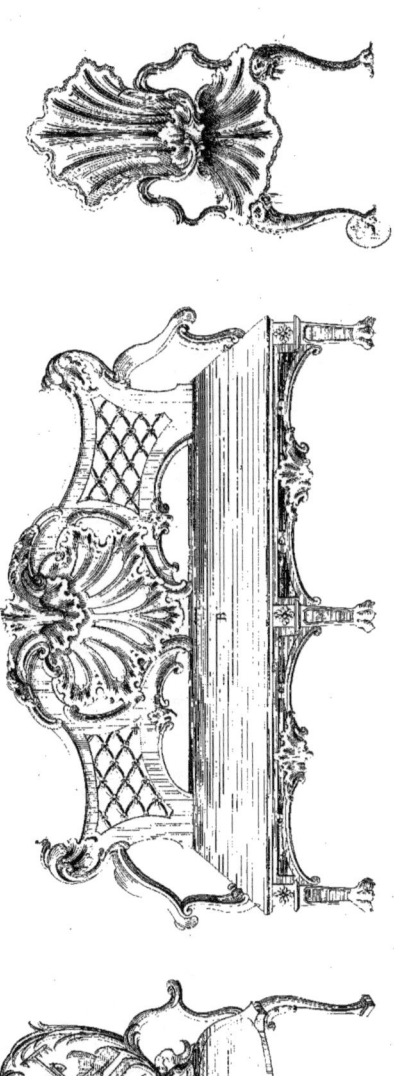

T Chippendale inv.t et delin.

Published according to Act of Parliment 1761

M Darly Sculp.

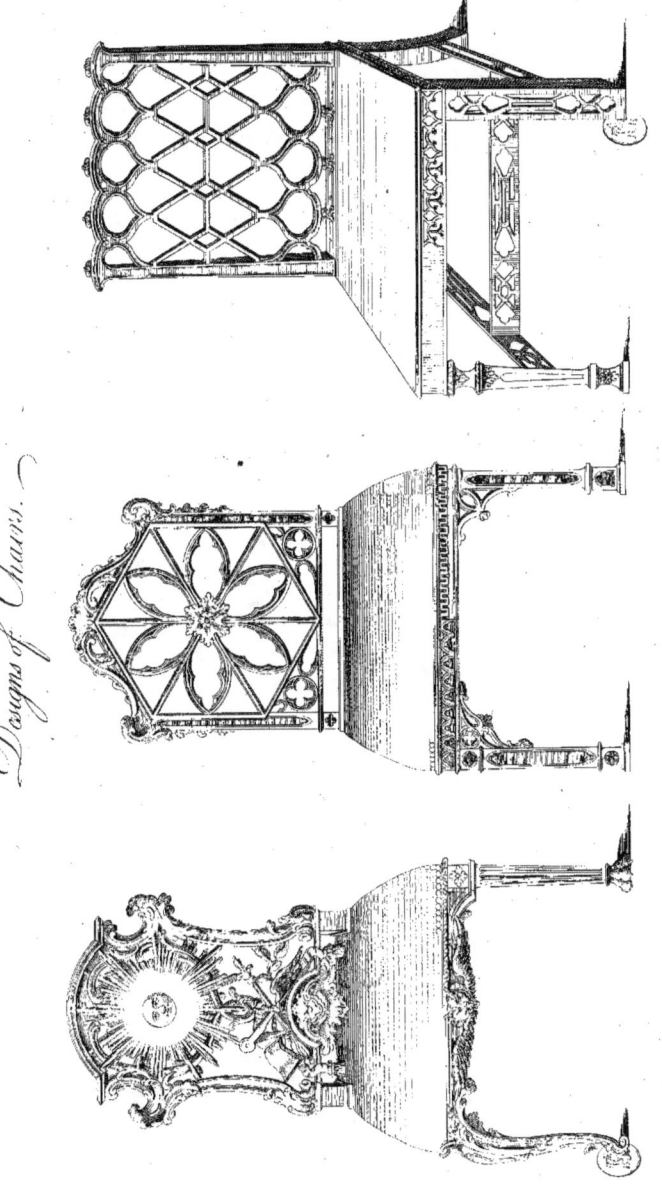

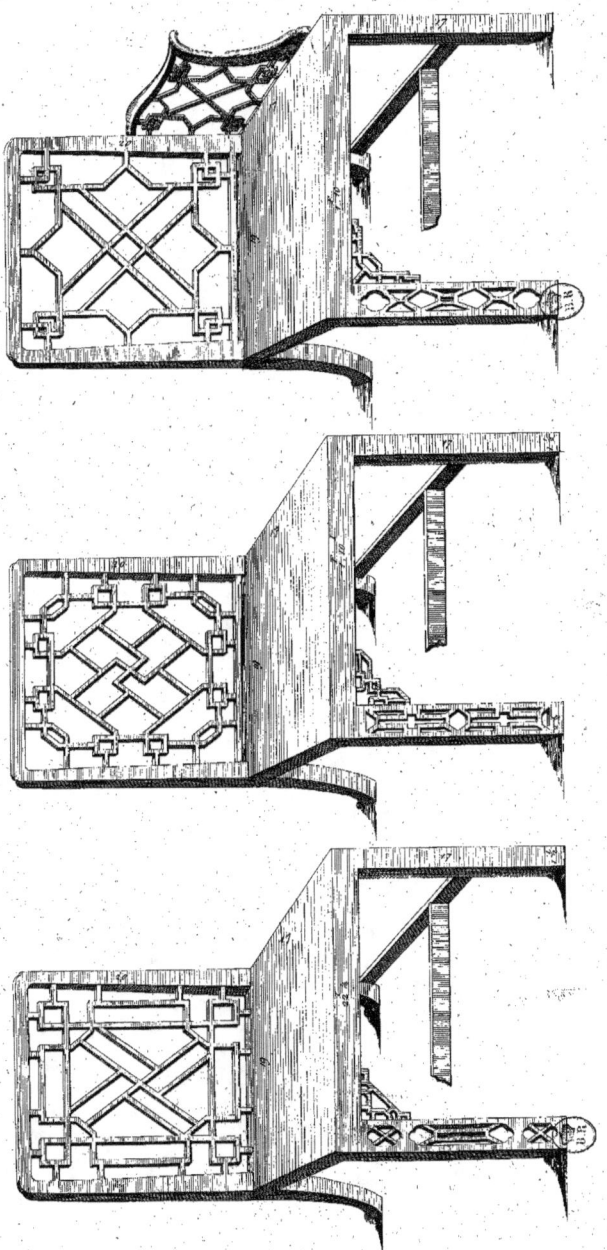

Chinese Chairs.

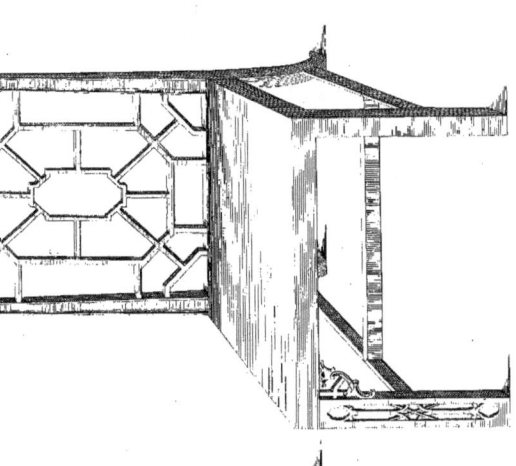
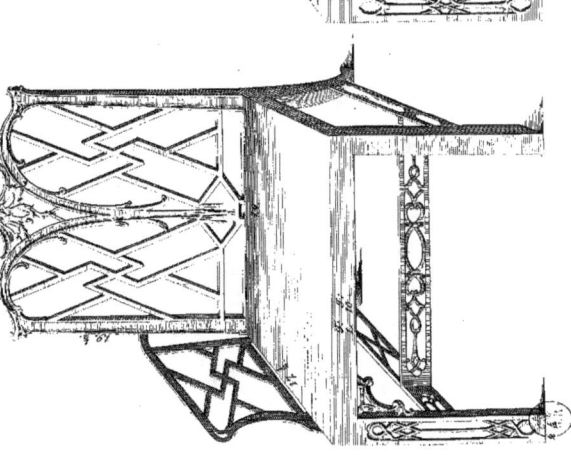

Chinese Chairs.

N.º XXVII.

T. Chippendale inv. et del.
Pub.d according to Act of Parliam.t 1753.
ADarly sculp.

Chinese Chairs.

N.º XXVIII.

T. Chippendale inv. et delin.   Published according to Act of Parliament.   M. Darly sculp.

Sofas

N.º XXIX.

T. Chippendale inv.t et del.   Publish'd according to Act of Parliament 1759.   J. Taylor sculp.

Sofas.

N° XXX.

T. Chippendale inv. et del.   Publish'd according to Act of Parliament 1759.   J. Taylor sculp.

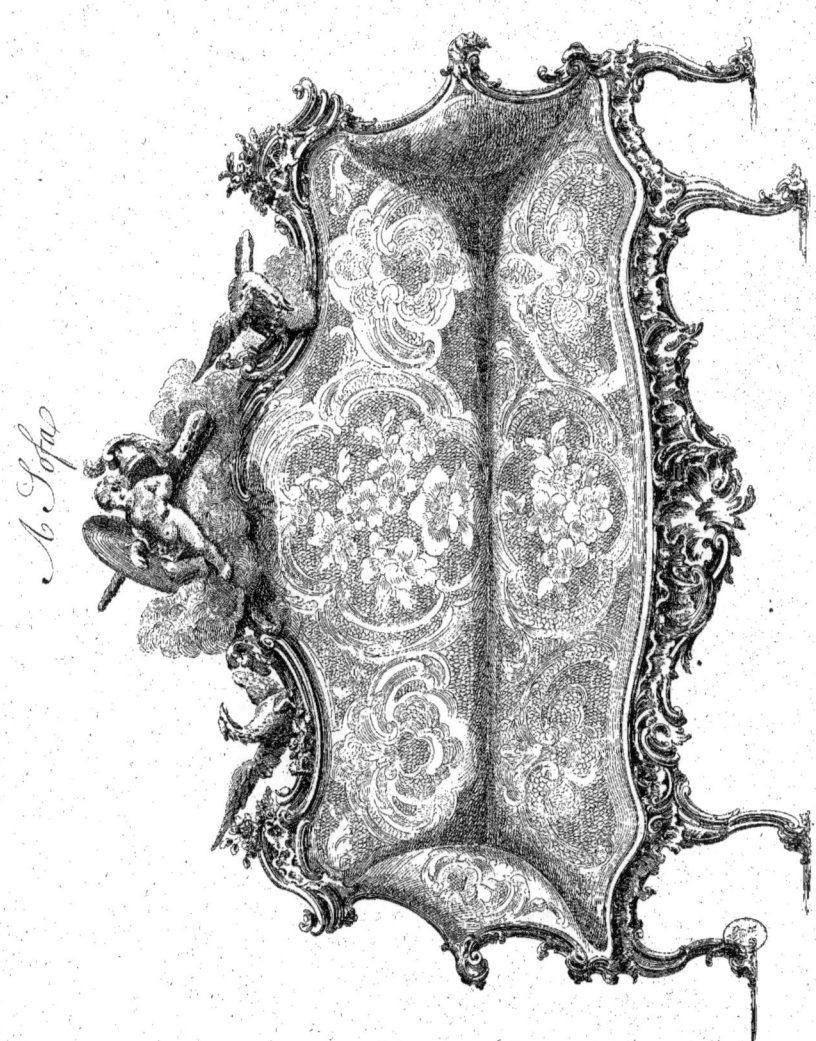

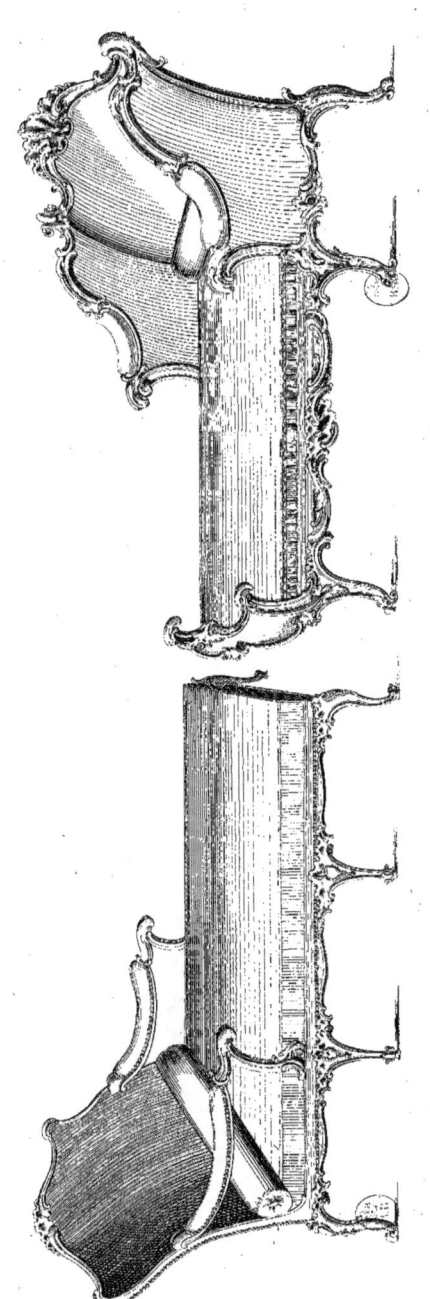

N° XXXIII.   Chinese Sopha.

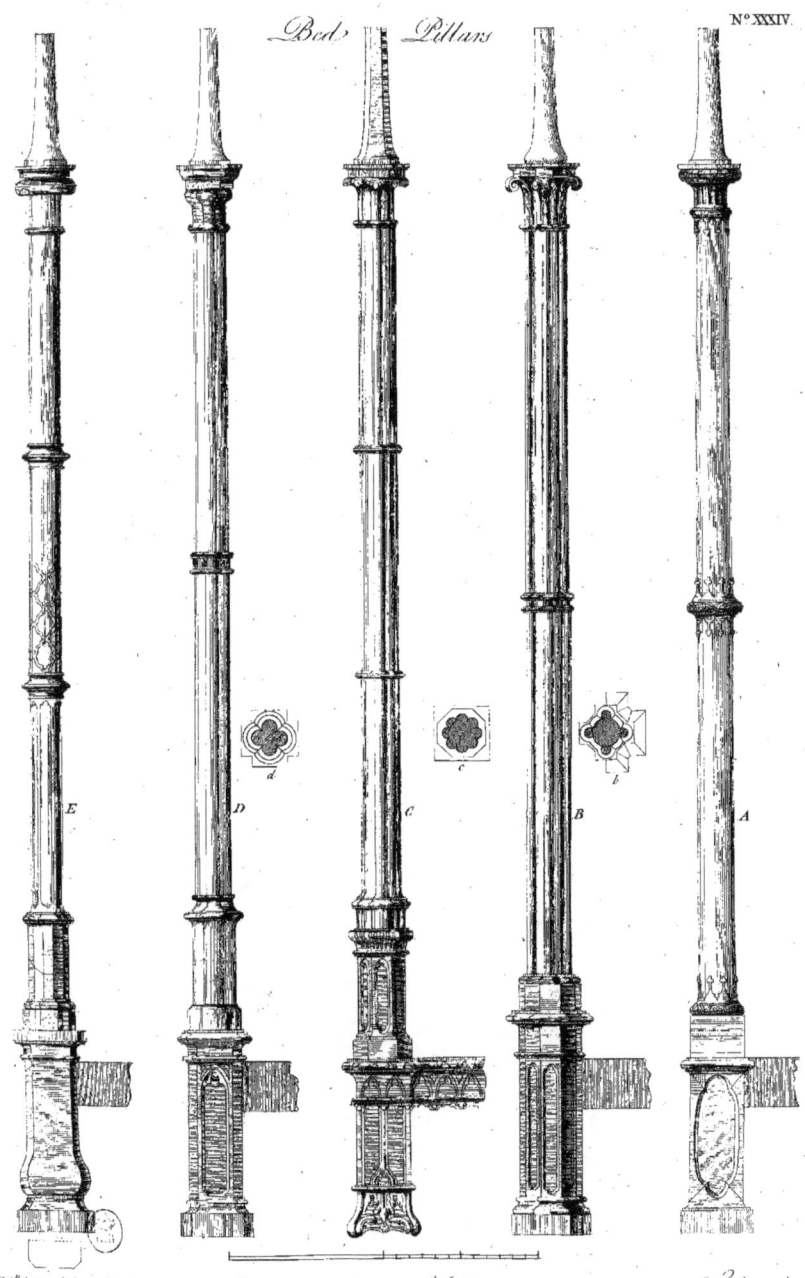

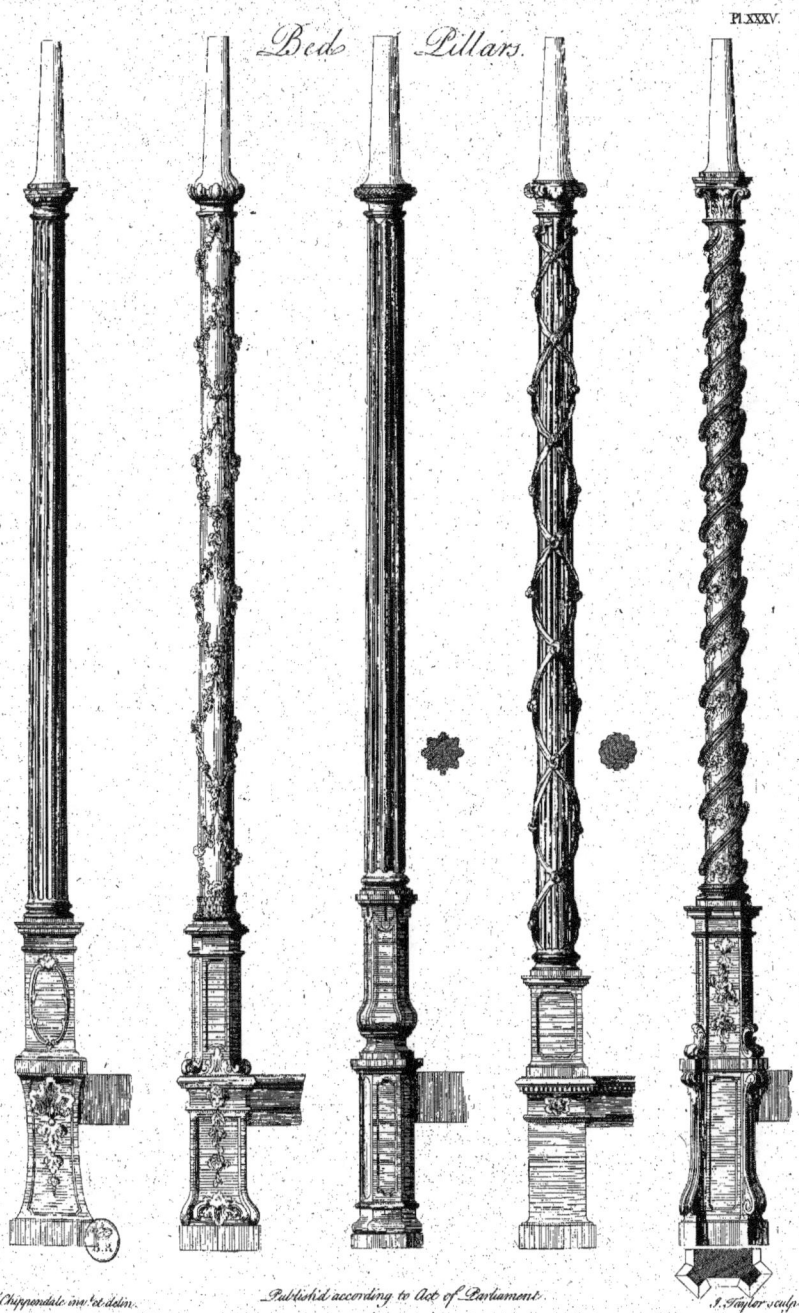

N.º XXXVI

A Design for a Cornice for a Venetian Window

T. Chippendale inv. et del.

Publish'd According to the Act. 1762.

I. Taylor sculp.

N° XXXVIII

A Bed

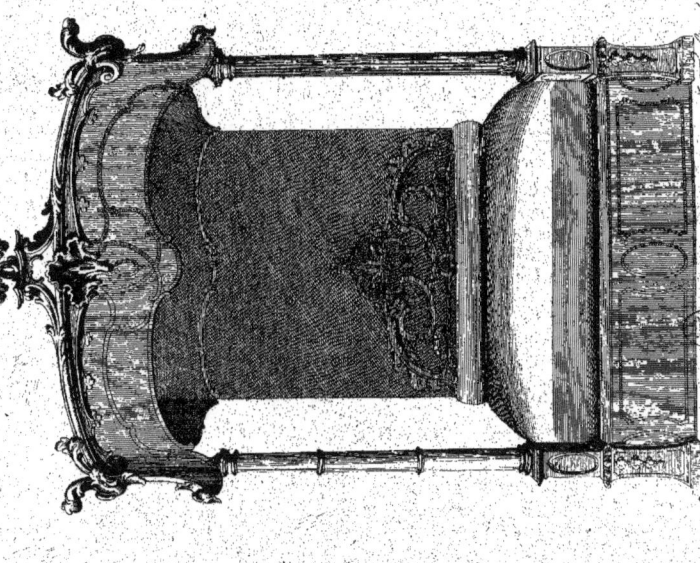

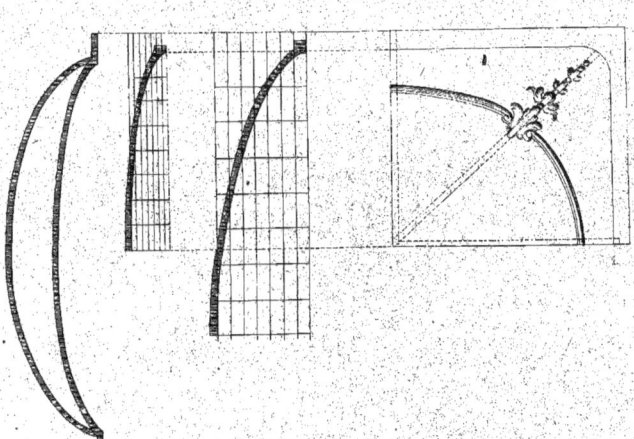

T. Chippendale inv.t & del.

Publish'd according to Act of Parliament, 1769

J Taylor Sculp.

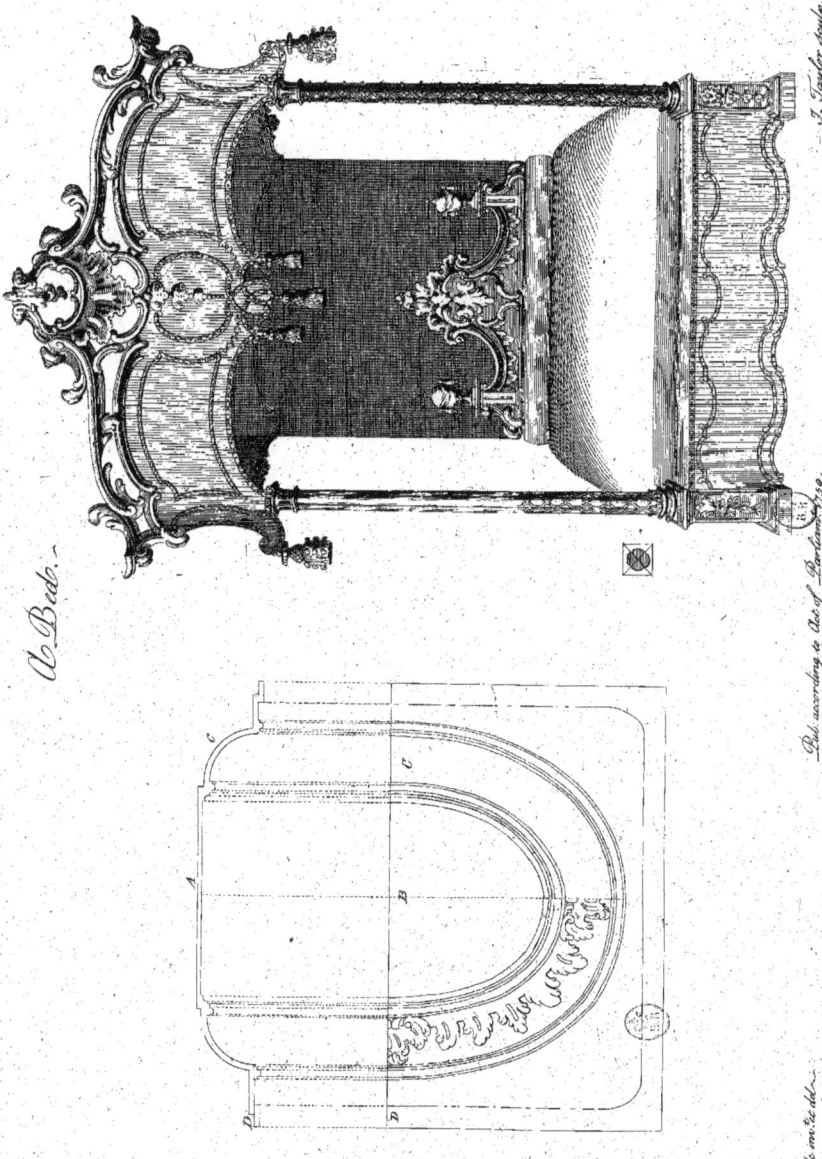

Canopy Bed

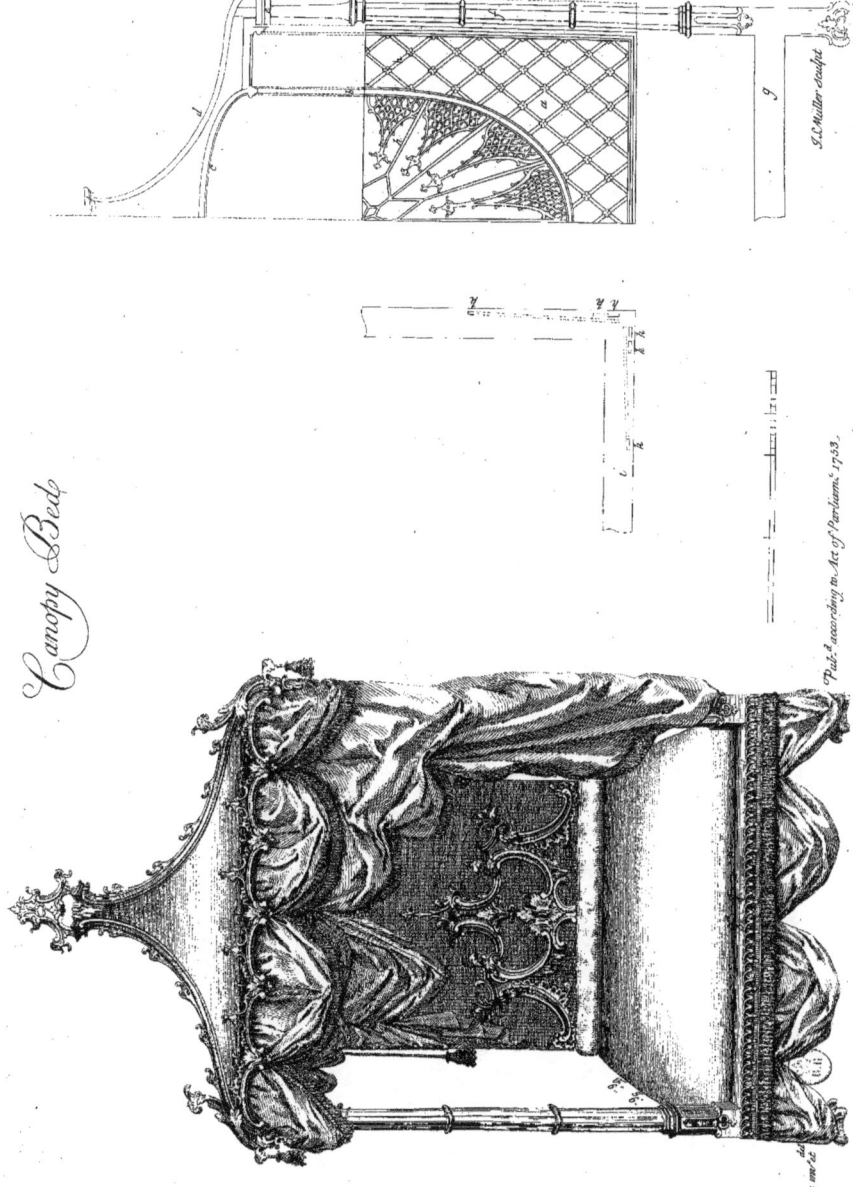

No. XLIII.

T. Chippendale inv. et del.
J. S. Miller sculpt.
Publ.d according to Act of Parliam.ts 1753.

N.º XLIII.

Dome Bed

T. Chippendale inv.t et del.t   Publish'd according to Act of Parliam.t 1753.   J. C. Müller sculp.t

Gothick Bed.

N.º LIV.

Design for a Bed. N.º XLV.

T. Chippendale inv.t et delin.   Published according to Act of Parliament 1760.   Isaac Taylor Sculp.

Nº XLVI.

A Couch Bed.

T. Chippendale inv. et del.   Published according to Act of Parliament 1759.   B. Rawlinson sculp.

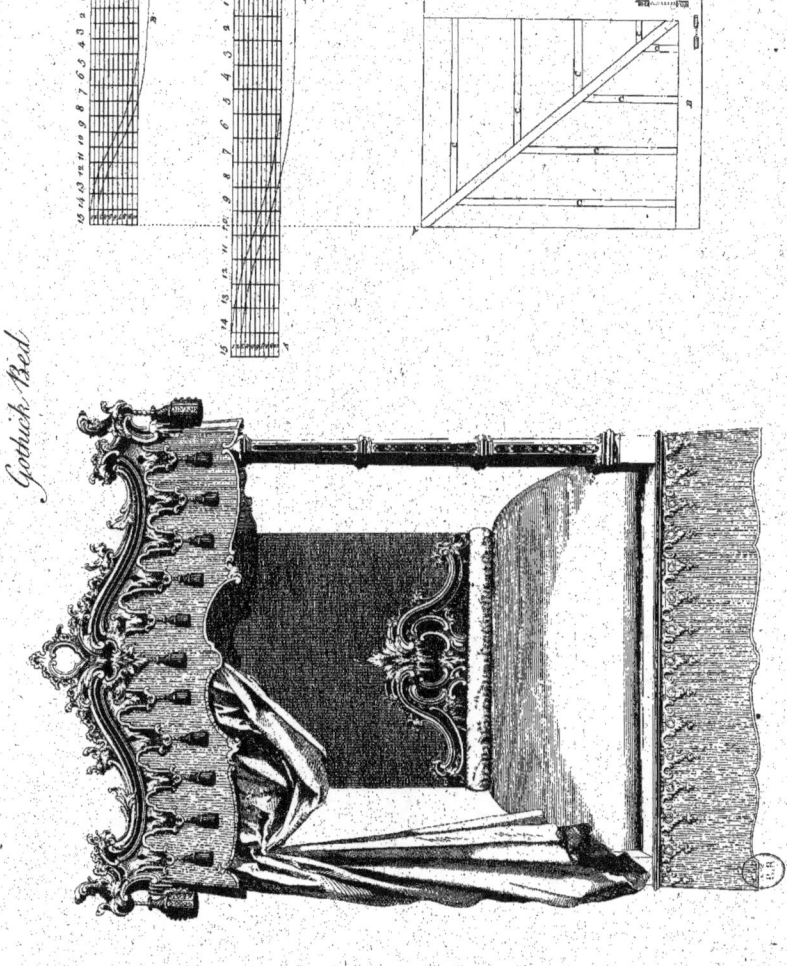

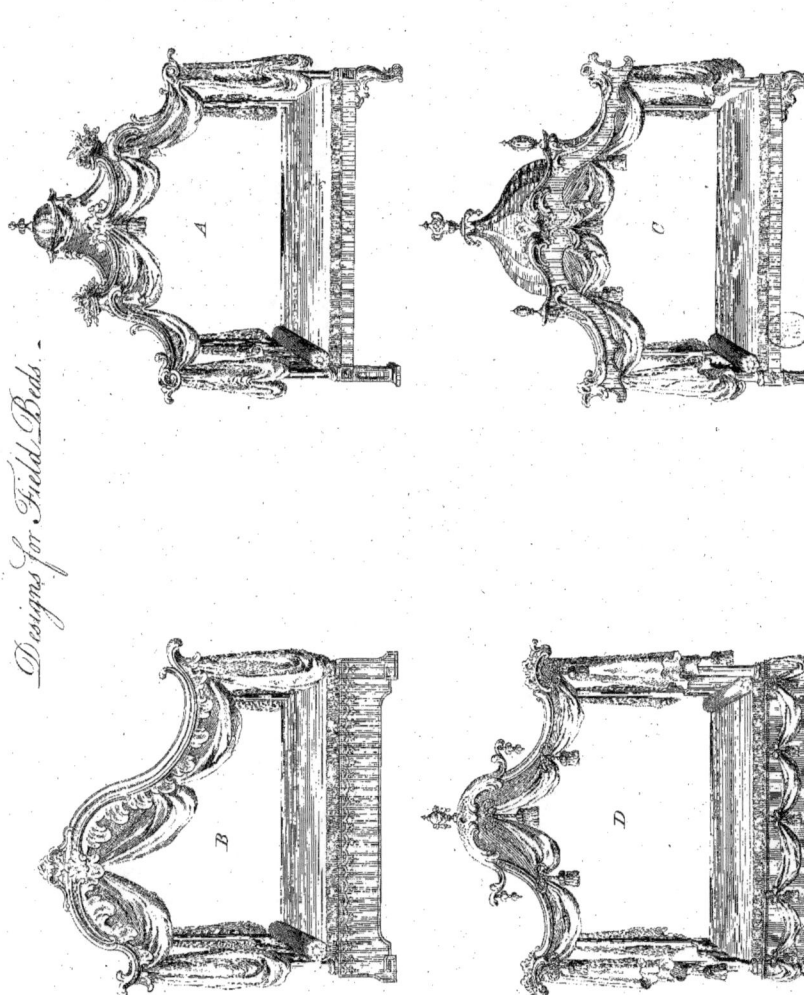

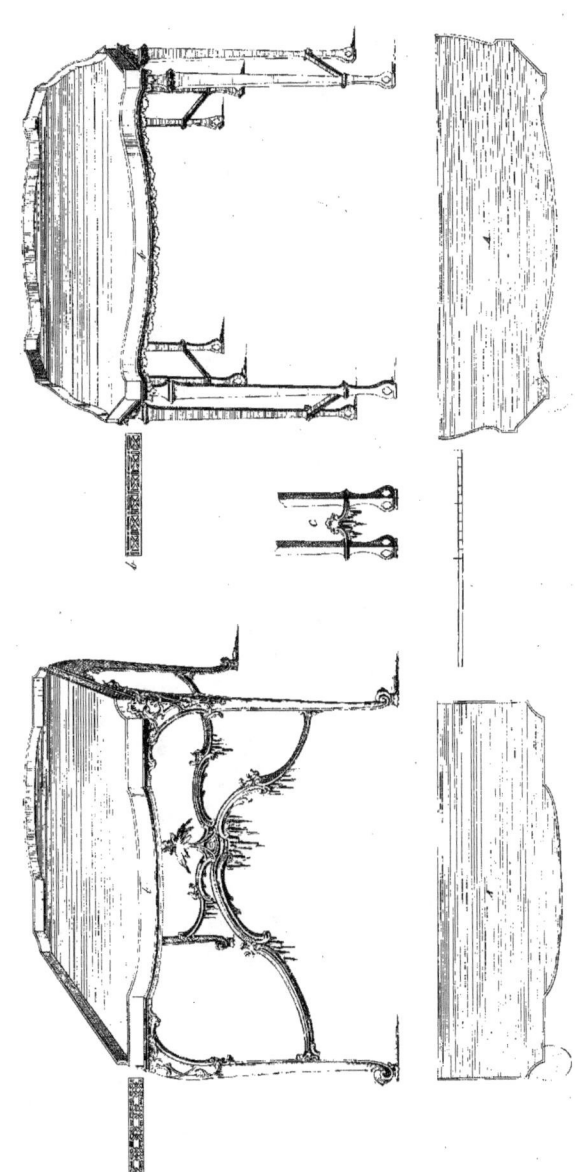

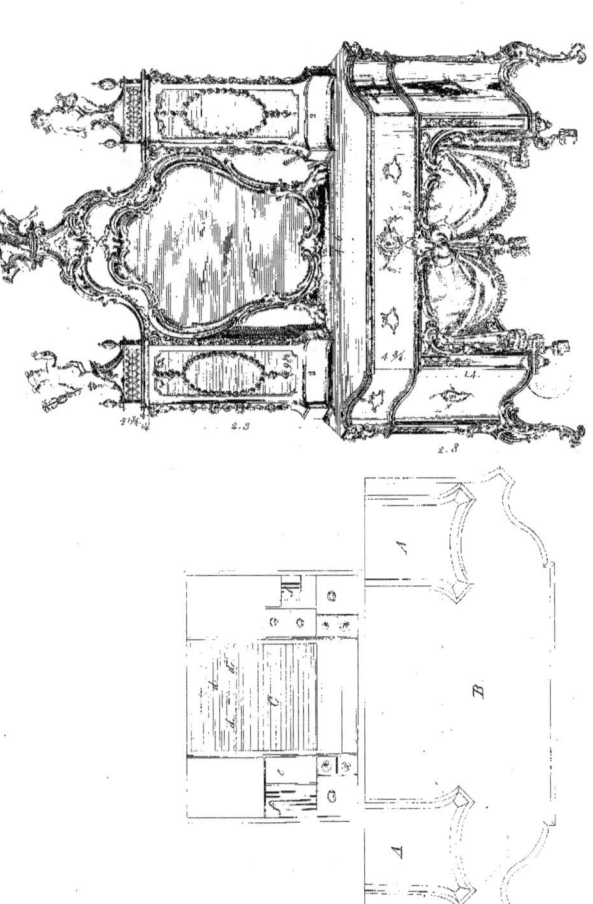

A Lady's Dressing Table.

Breakfast Tables.

N.º LIII.

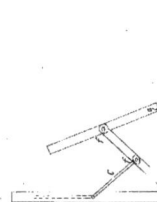
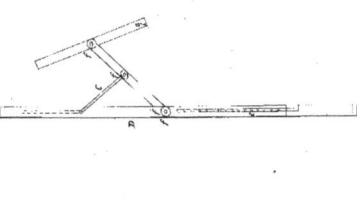
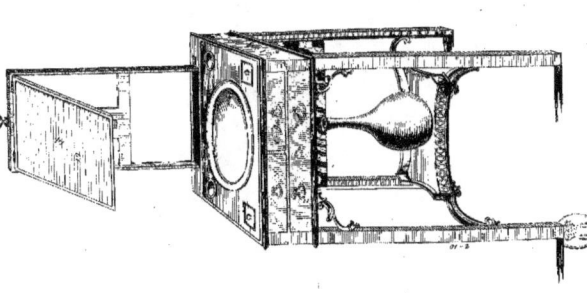

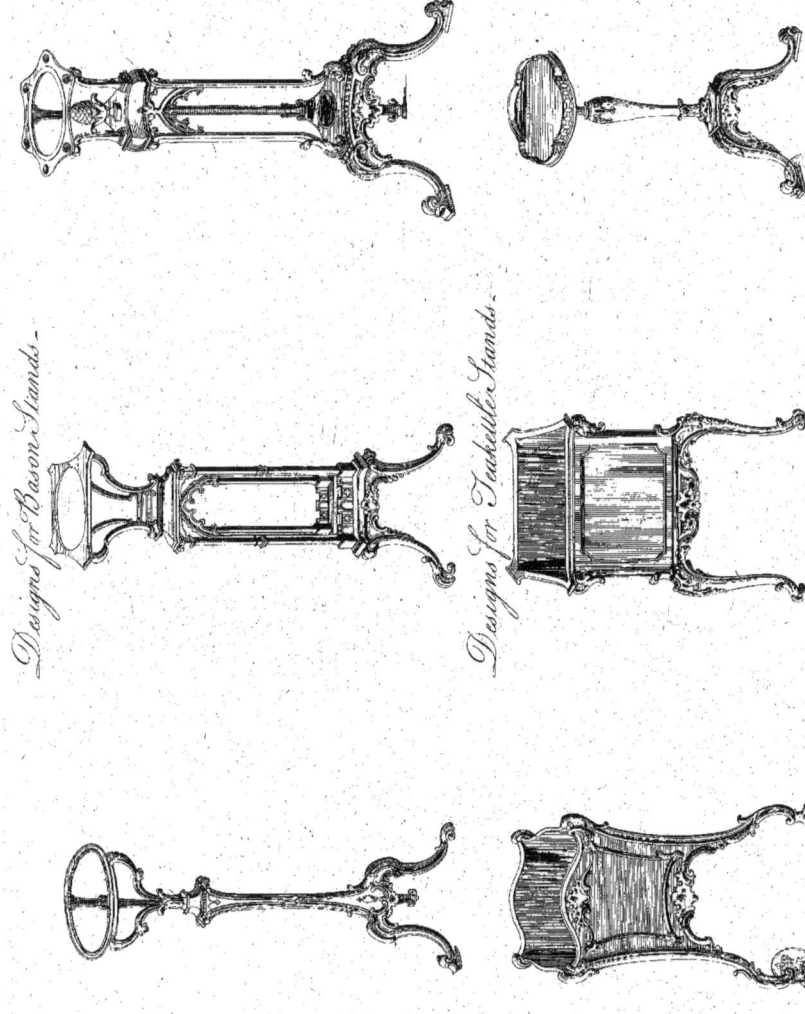

N° LVI.

Sideboard Table.

T. Chippendale inv. et del.

Publish'd according to Act of Parliam.t 1753.

Plateboard Table.

N.º LVII.

T. Chippendale inv. et del.

Published according to Act of Parliament 1753.

Morely sculp.

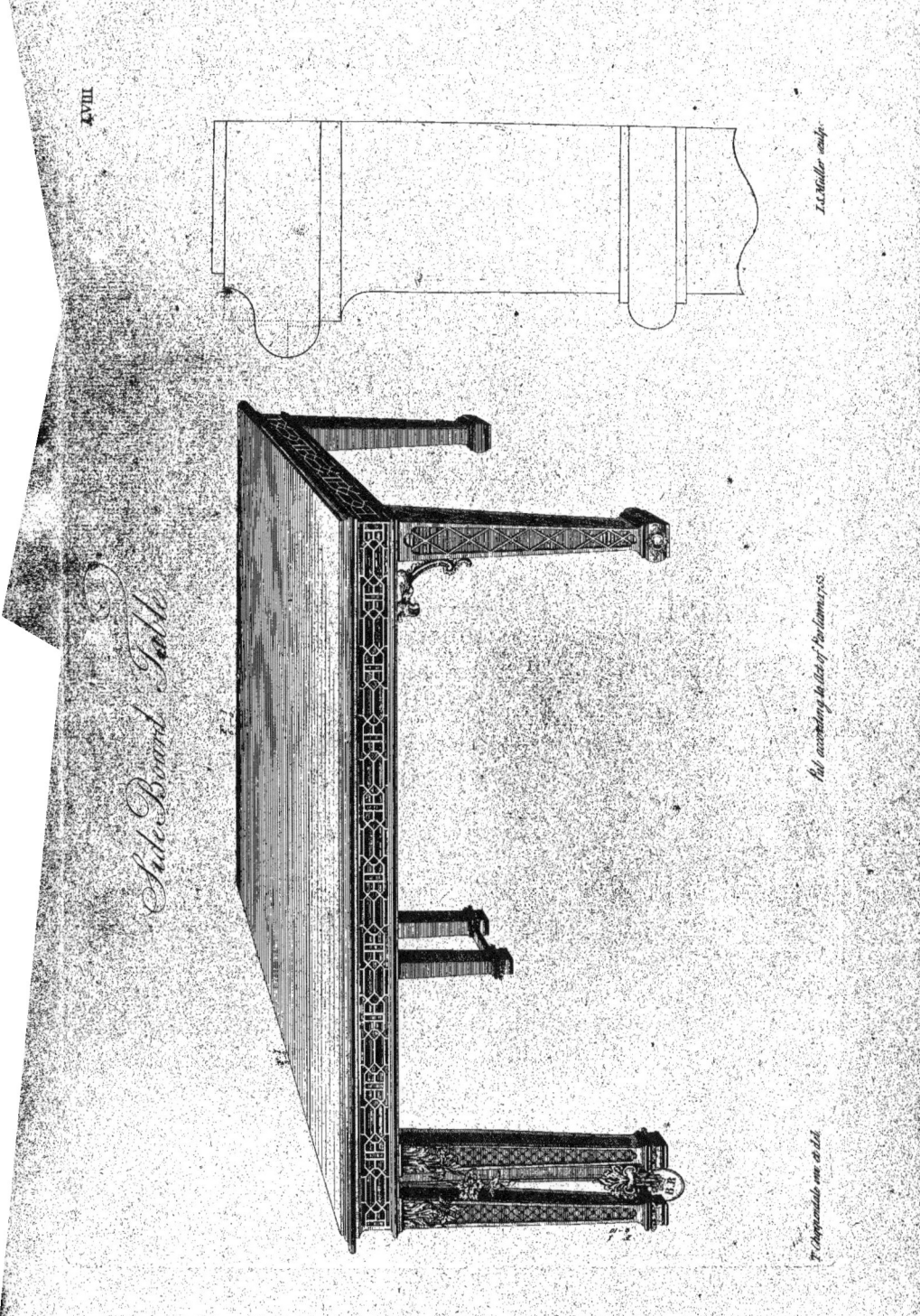

Side Board Table.

Pub. according to Act of Parliament 1765.
T. Chippendale inv. et del.
I. S. Muller sculp.

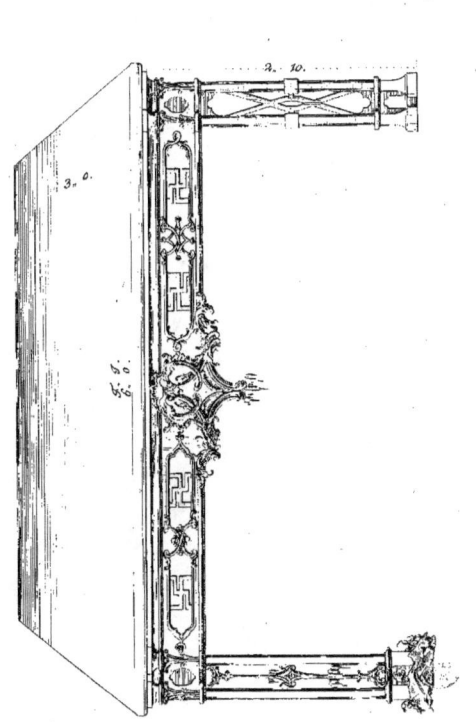

Sideboard Table

T. Chippendale inv. et del.
Publd according to Act of Parliamt 1753.
M Darly sculpt

Sideboard Table.

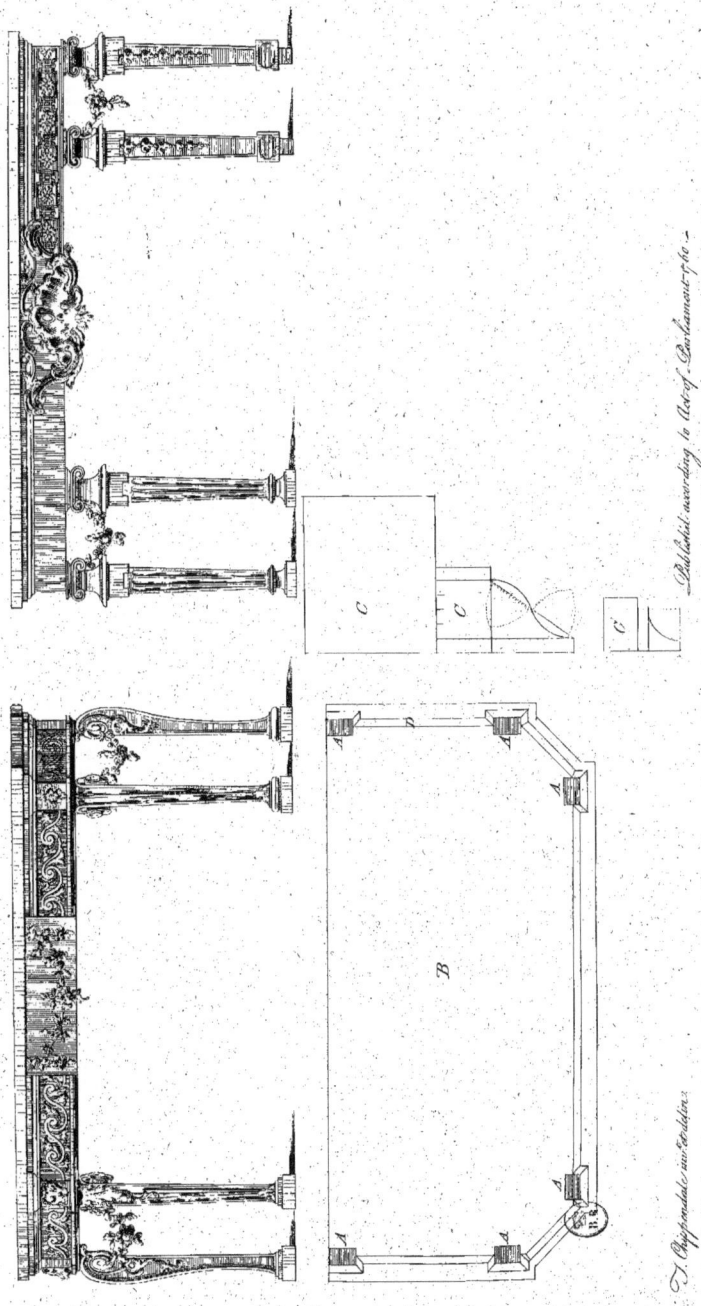

Sideboard Tables.

T. Chippendale inv. et delin.

Published according to Act of Parliament 1762.

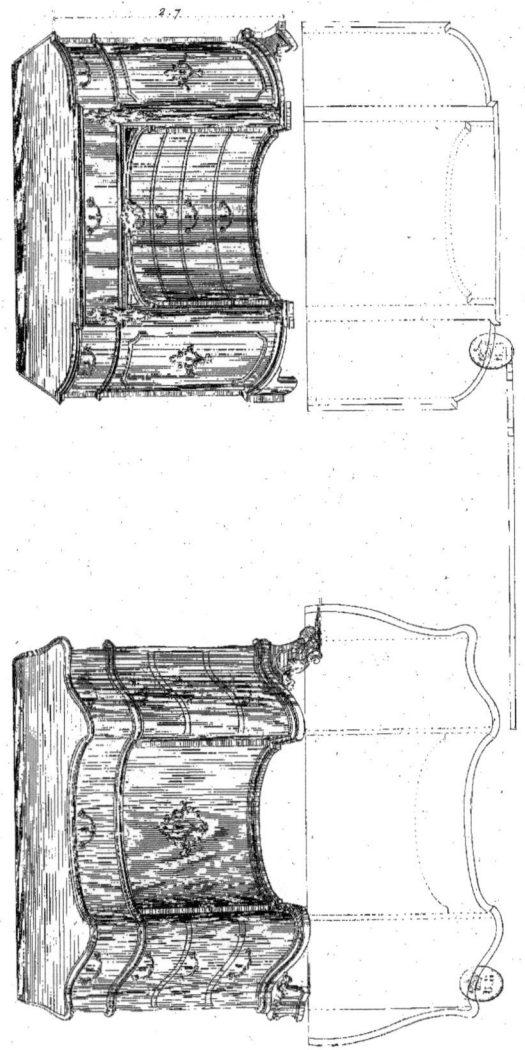
Buroe Dressing Tables.
T. Chippendale inv. et delin.
Published according to Act of Parliament 1760.

N.º LXIII.

Burea Dressing Tables.

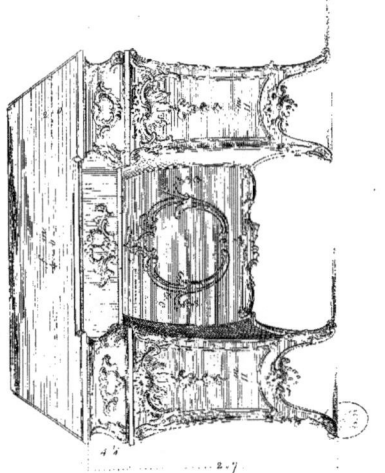

T. Chippendale inv. et delin.

Published according to Act of Parliament 1760.

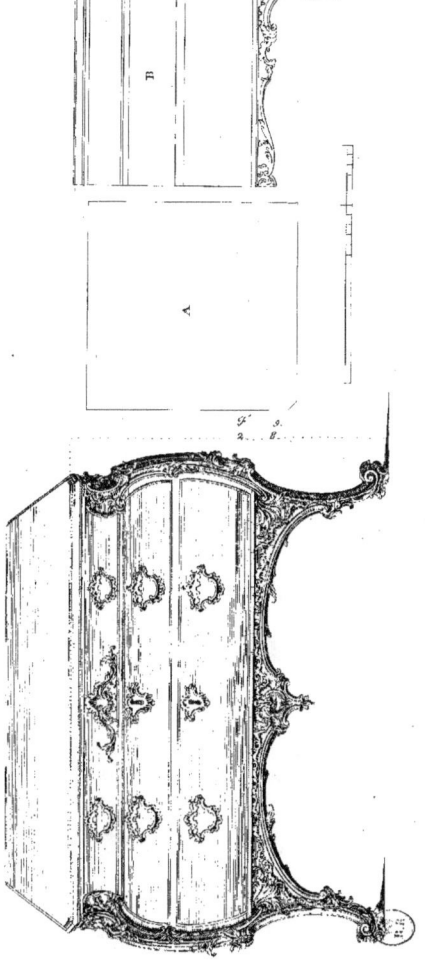

French Commode Table.

N.º LXV.

French Commode Table.

T. Chippendale inv.t et del.t

Pub.d according to Act of Parliam.t 1753

Darly sculp.t

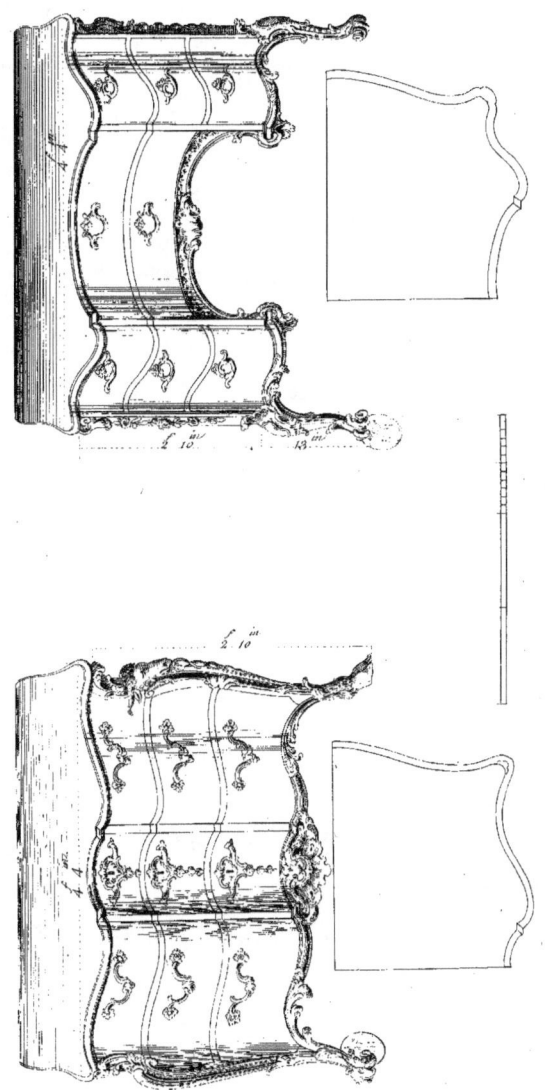

N.º LXVIII.

A French Commode.

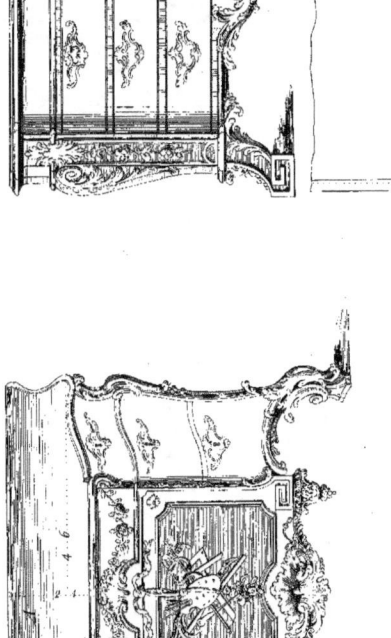

T. Chippendale inv. et delin. — Published according to Act of Parliament 1762. — Darly Sculp.

N° LXIX.

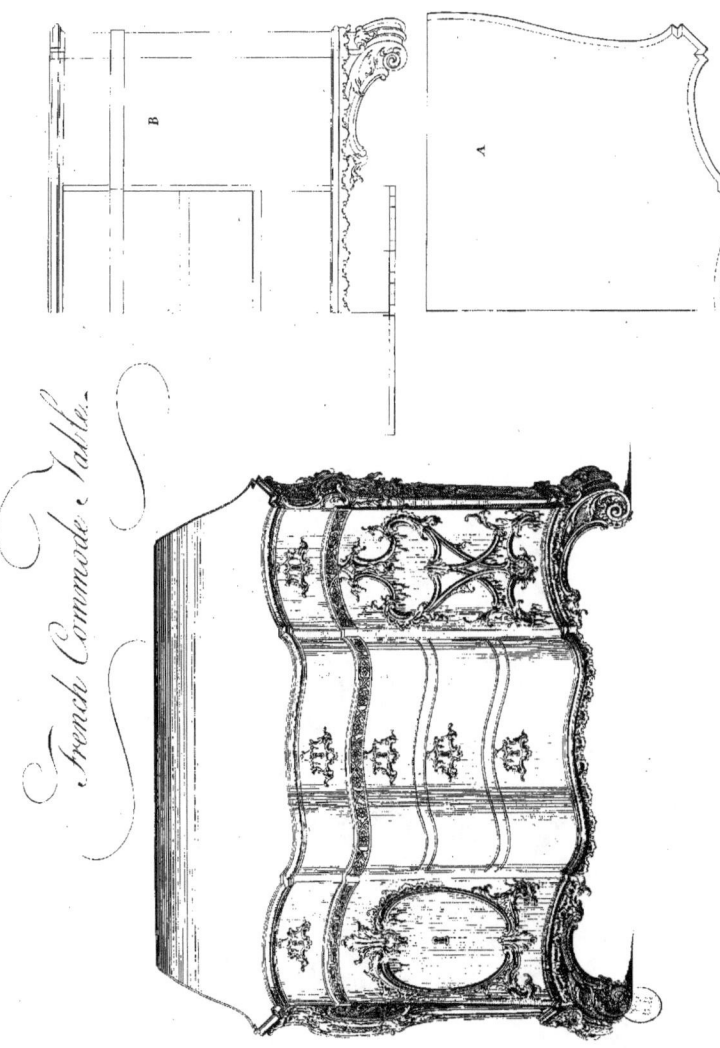

French Commode Table.

T Chippendale inv.t et del.t
Publ.d according to Act of Parl.t 1753
M Darly sculp.

N.º LXX.

Commodes Tables

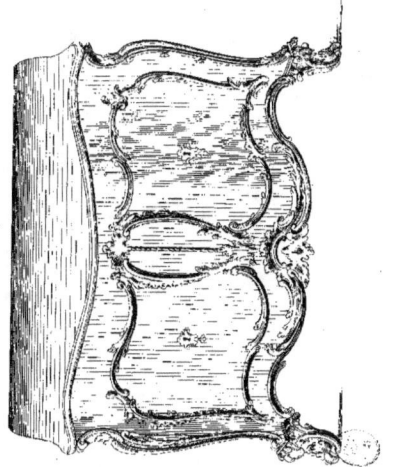
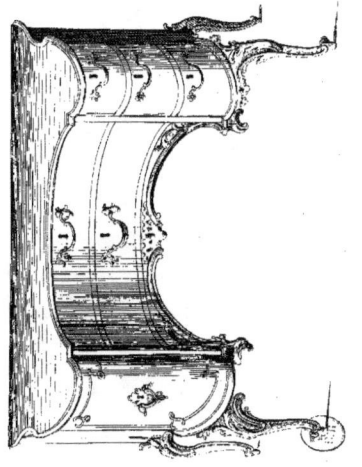

T Chippendale inv.t et delin.

Published according to Act of Parliament 1762.

Darly sculp.

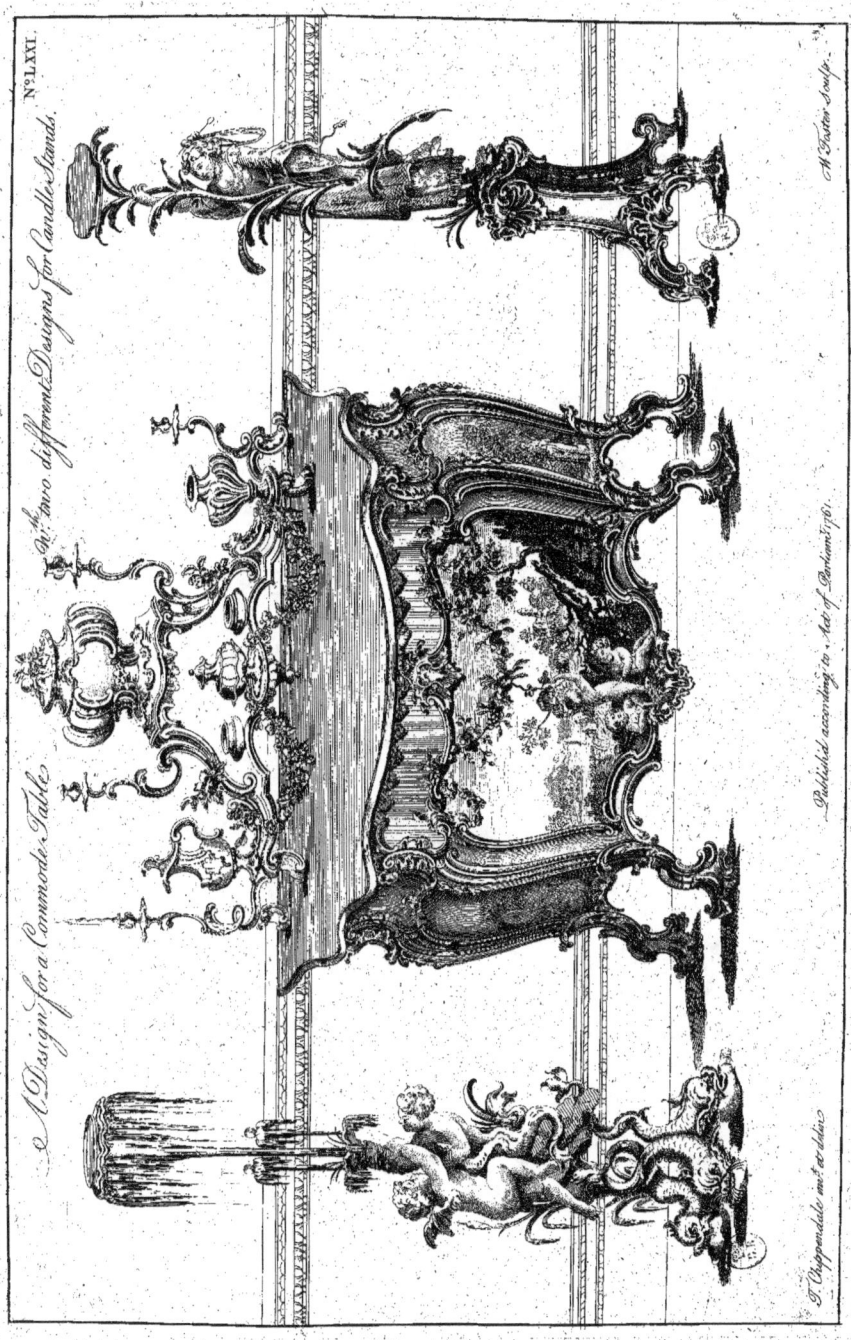

A Writing Table

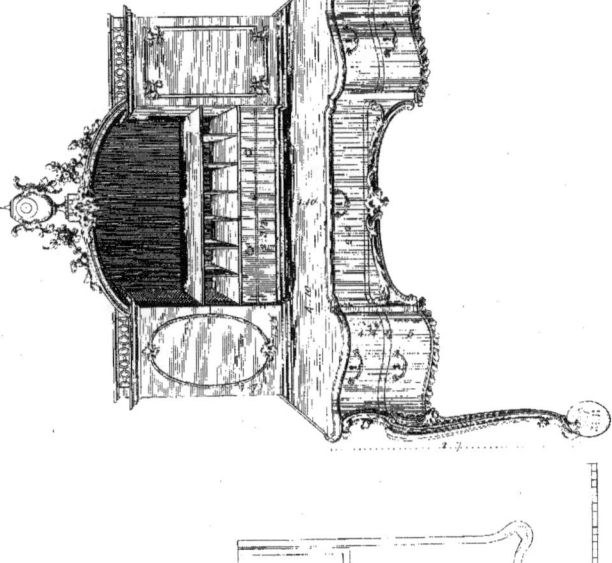

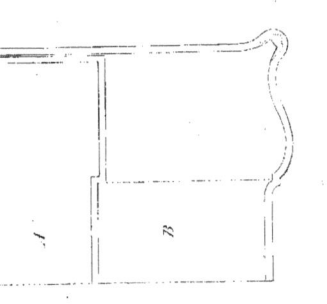

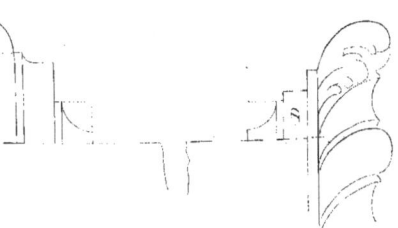

T. Chippendale invt. et delin.

Published according to Act of Parliament 1762.

N° LXXIII.

Writing Table

T. Chippendale inv. et del.   Pub. according to Act of Parliam. 1753.   T. Müller sculp.

N.° LXXIV

Writing Table.

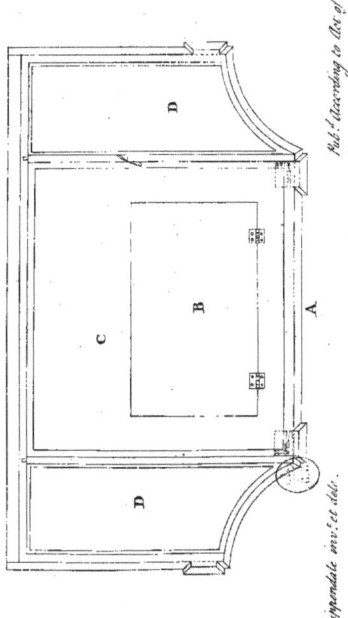

T. Chippendale inv.t et del.

Pub.d according to Act of Parliam.t 1753.

T. Miller sculp.

N°LXXV.

A Writing Table

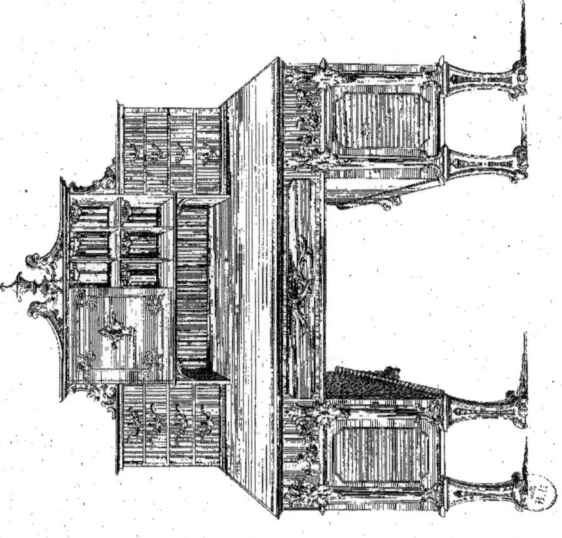
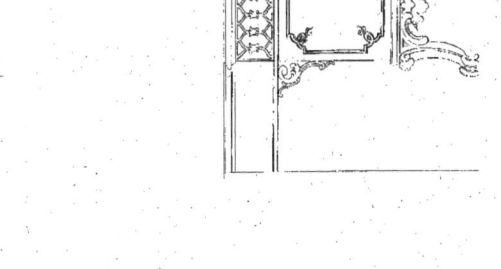
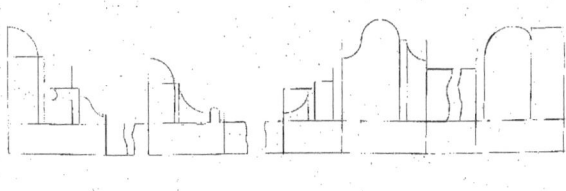

T. Chippendale inv.t et delin.

Published according to Act of Parliament 1760.

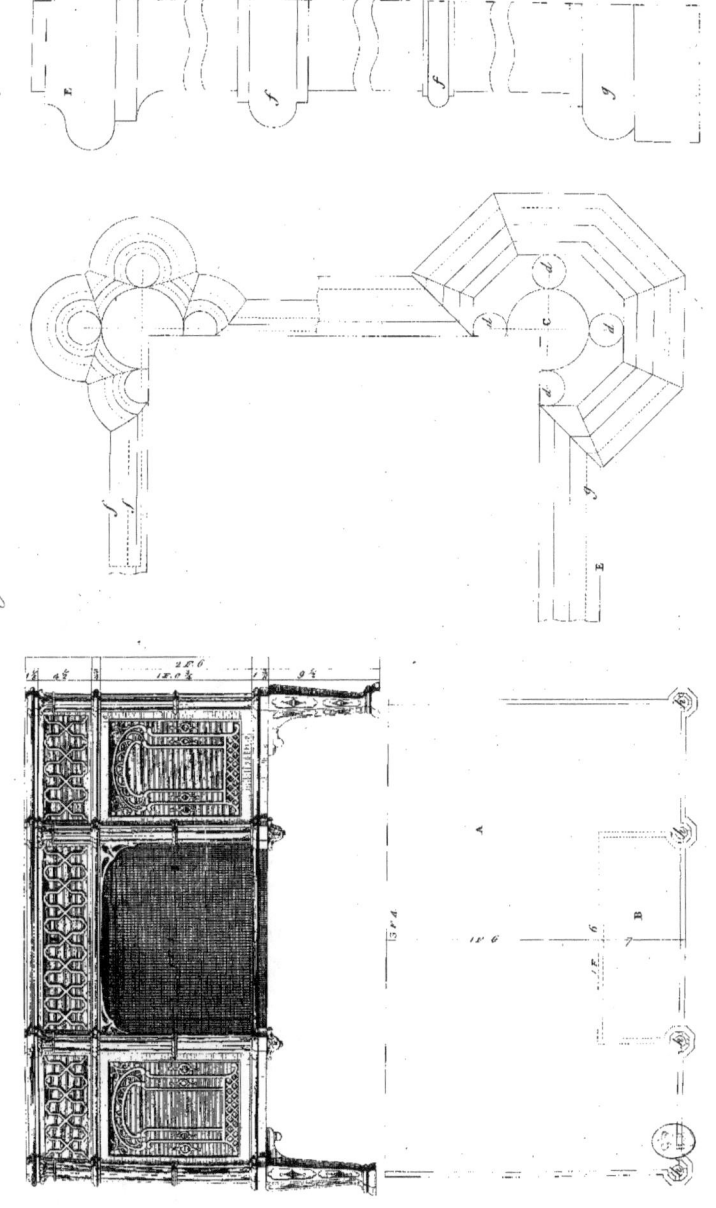

N.° LXXVI Writing Table

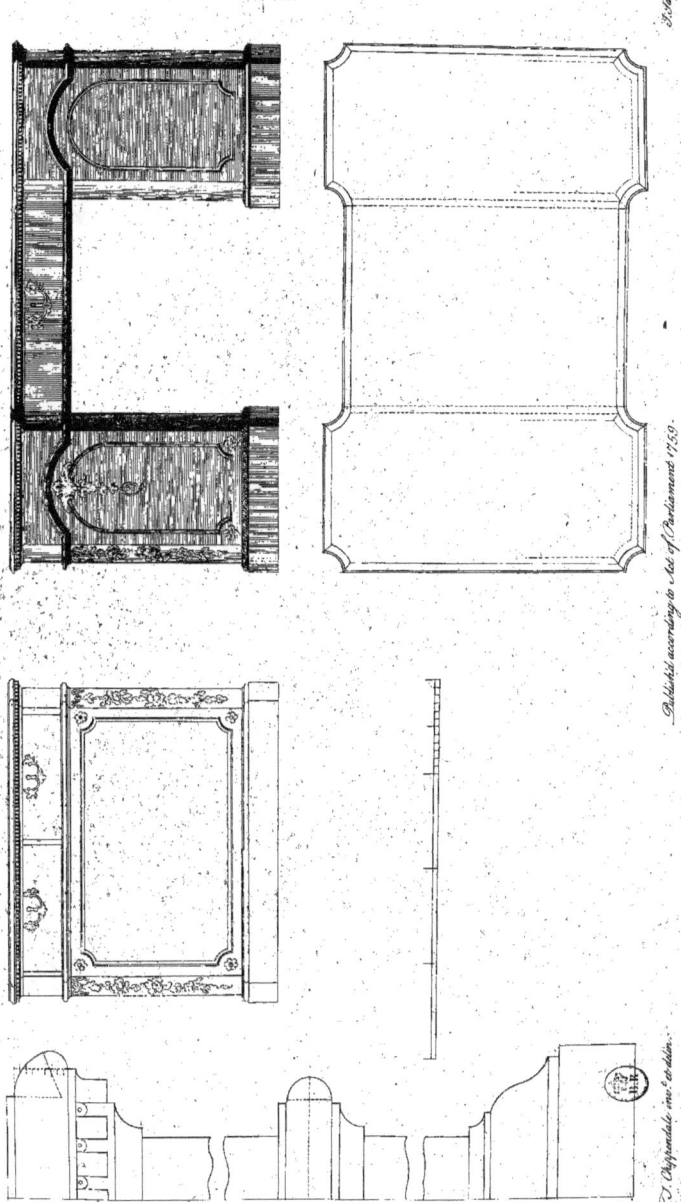

N° LXXVIII.

Library Table.

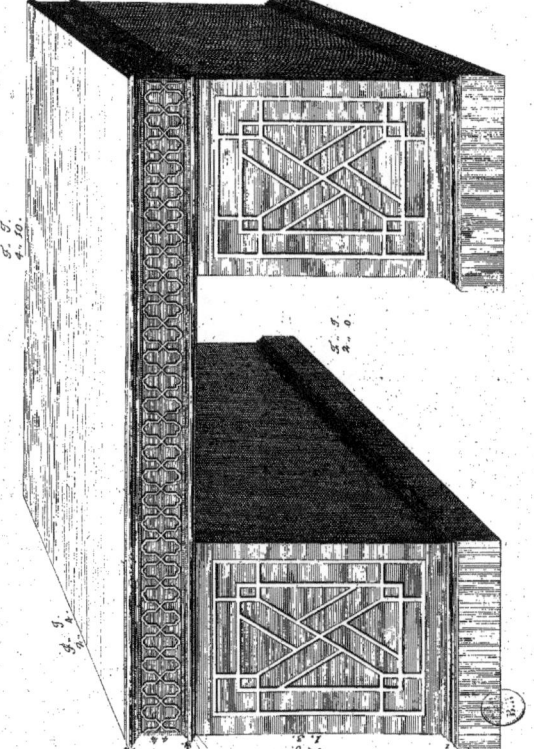

T Chippendale inv et del.

Pub. according to Act of Parliam. 1753.

N.º LXXIX.

Library Table

T.Chippendale inv. et del.

Pub. according to Act of Parliam. 1761.

I.C.Müller sculp.

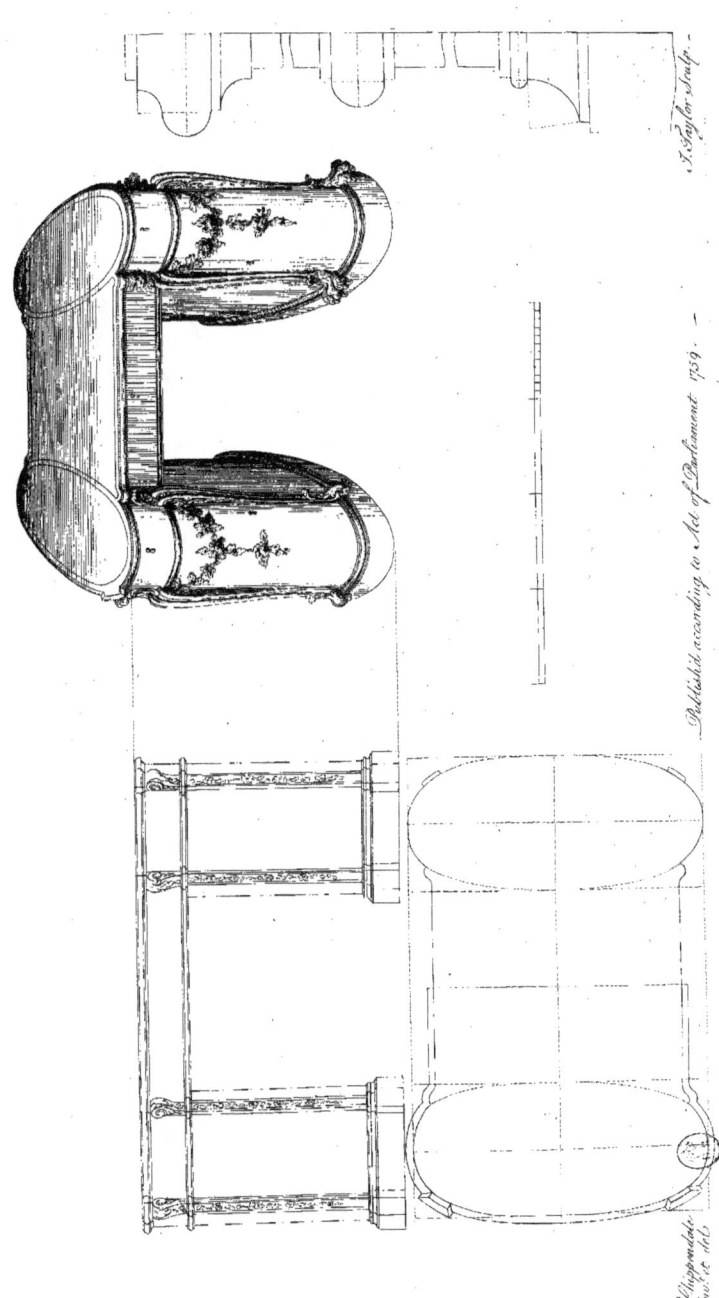

Library Table.

N°.LXXX

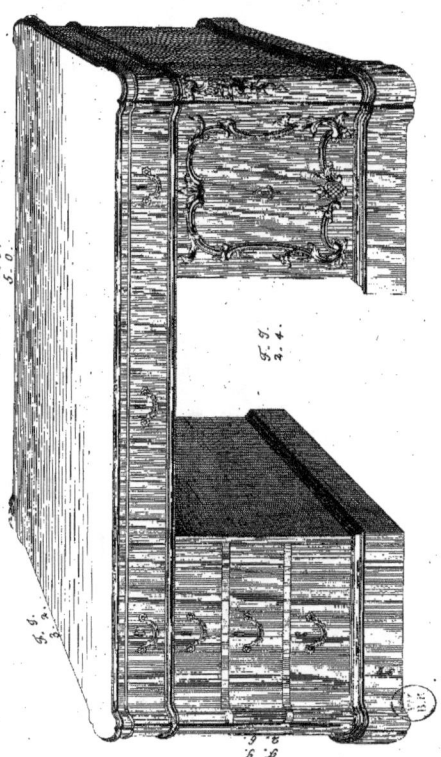

T.Chippendale inv. et del.

Pub. according to Act of Parliam. 1753.

I.S. Muller sculp.

Library Table.

N.º LXXII.

T. Chippendale inv.t et delin.

Published according to Act of Parliament 1760.

Nº LXXXIII.

Library Table.

T. Chippendale inv. et del.

Pub. according to Act of Parliam.t 1763.

T. Miller sculp.

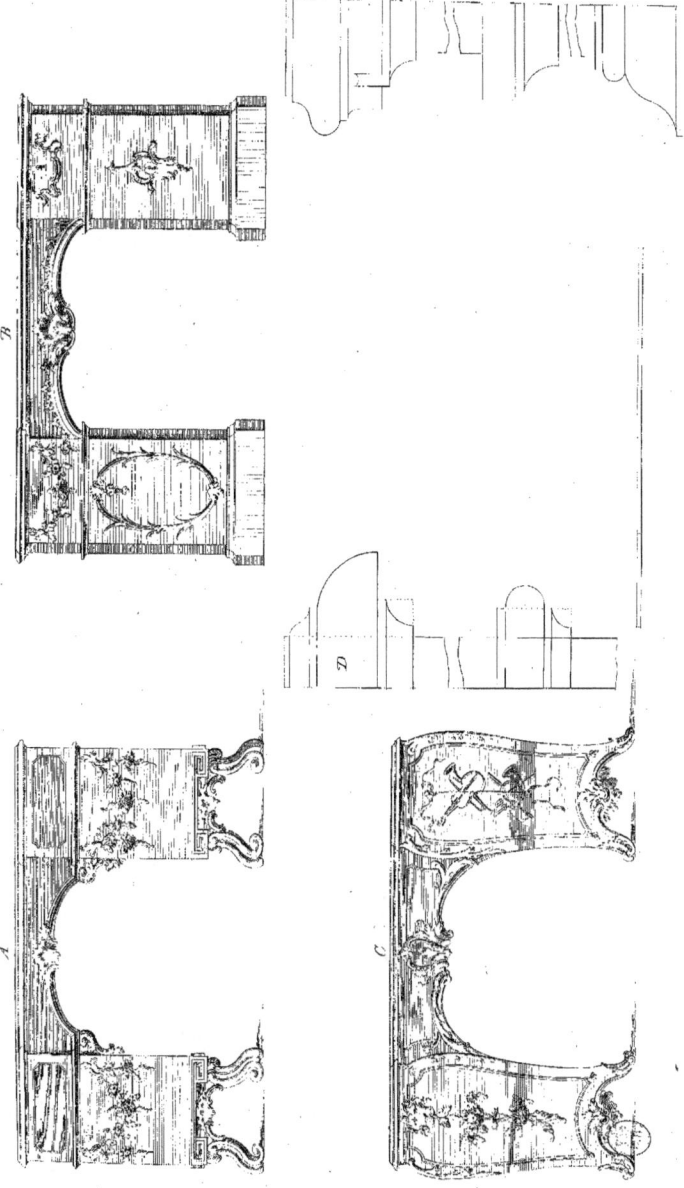

N° LXXXV.

Library Table

T. Chippendale inv. et delin. Publ. according to Act of Parliam. 1753. I.S. Miller sculp.

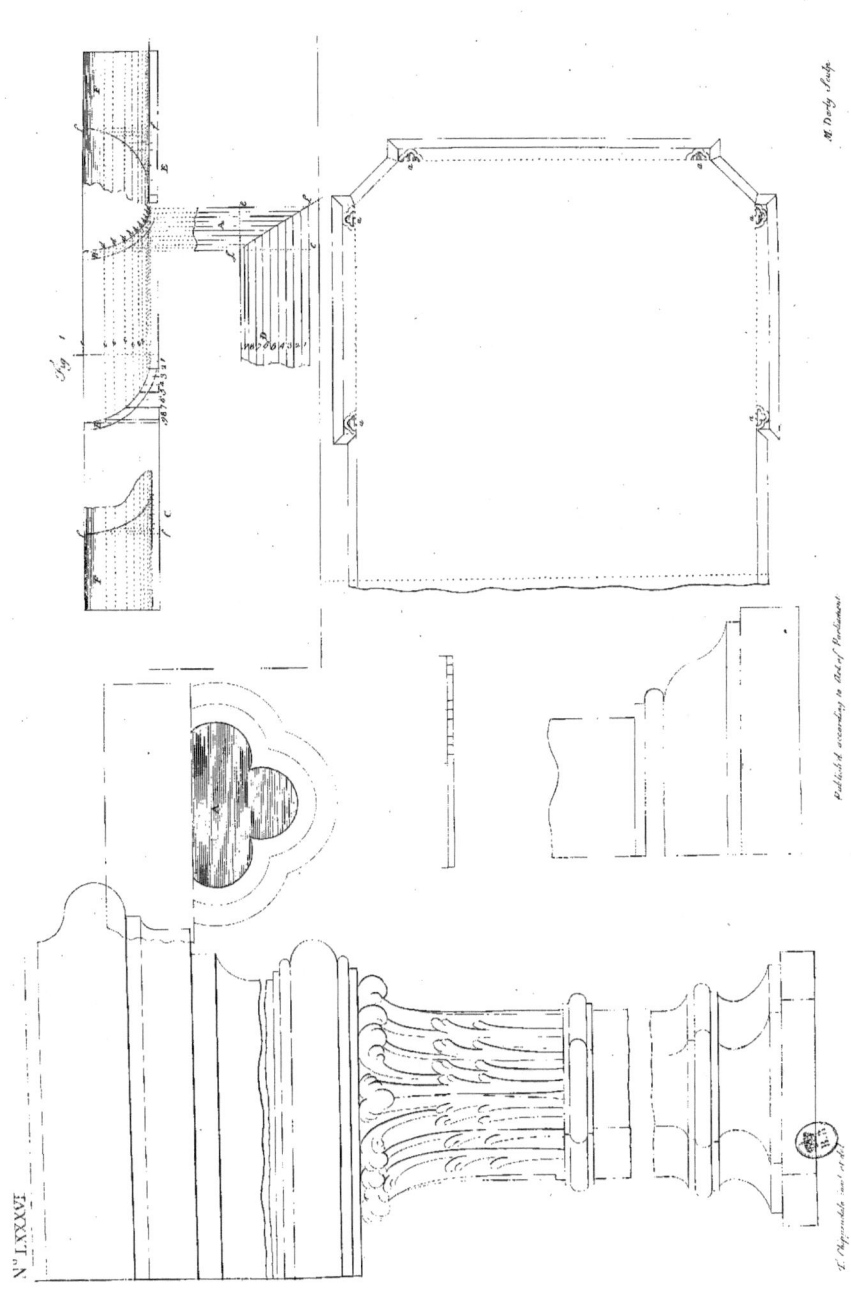

N.º LXXXVII.

Two Bookcases.

T. Chippendale inv.t et delin. Published according to Act of Parliament 1759. I. Taylor Sculp.

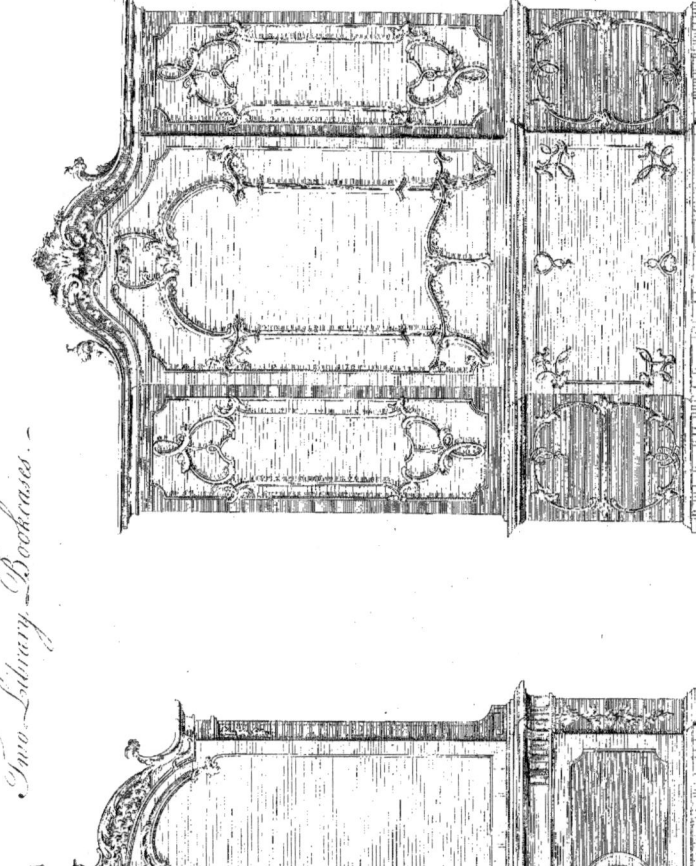

N° LXXIX

A Gothic Library Bookcase

T. Chippendale inv. & delin.   Published according to Act of Parliament 1760.   I. Taylor sculp.

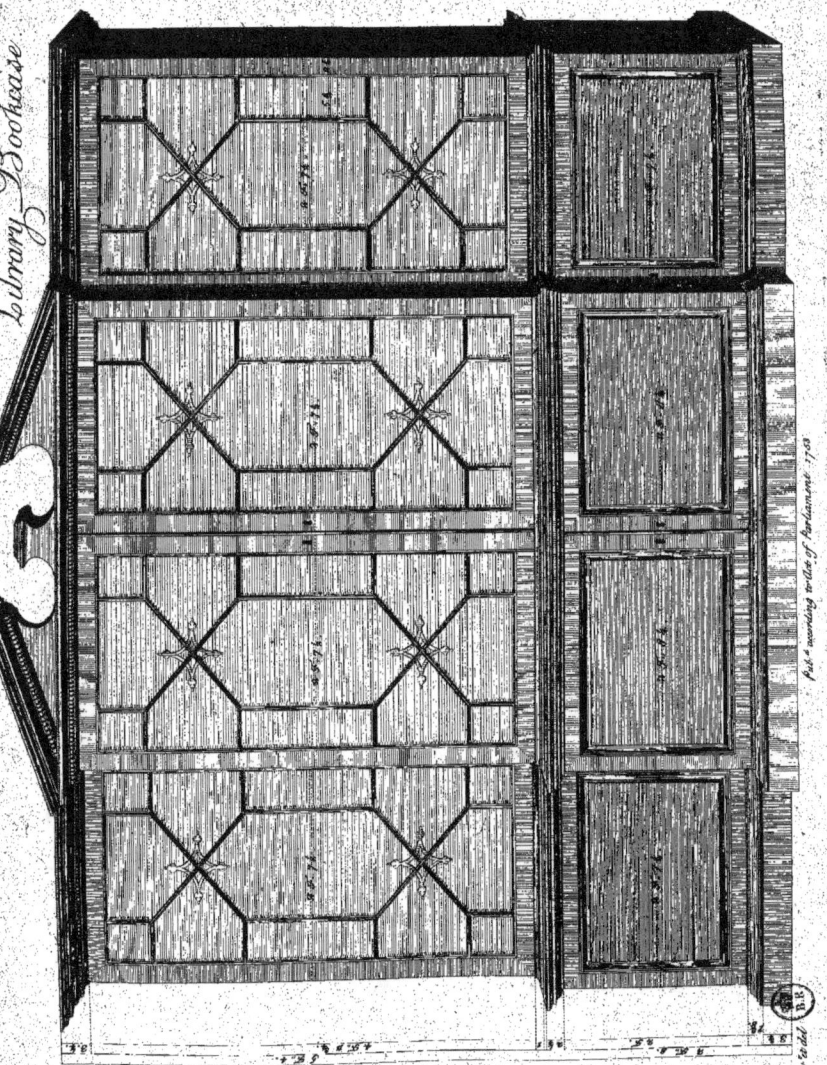

N.º XCI. Library Bookcase.

T. Chippendale inv. et del. Pub.d according to Act of Parliament 1763. J. Miller sculp.

Plate XII.

A Library Book-case.

T. Chippendale inv.t et delin.t
Published according to Act of Parliament 1760.
I. Taylor Sculp.t

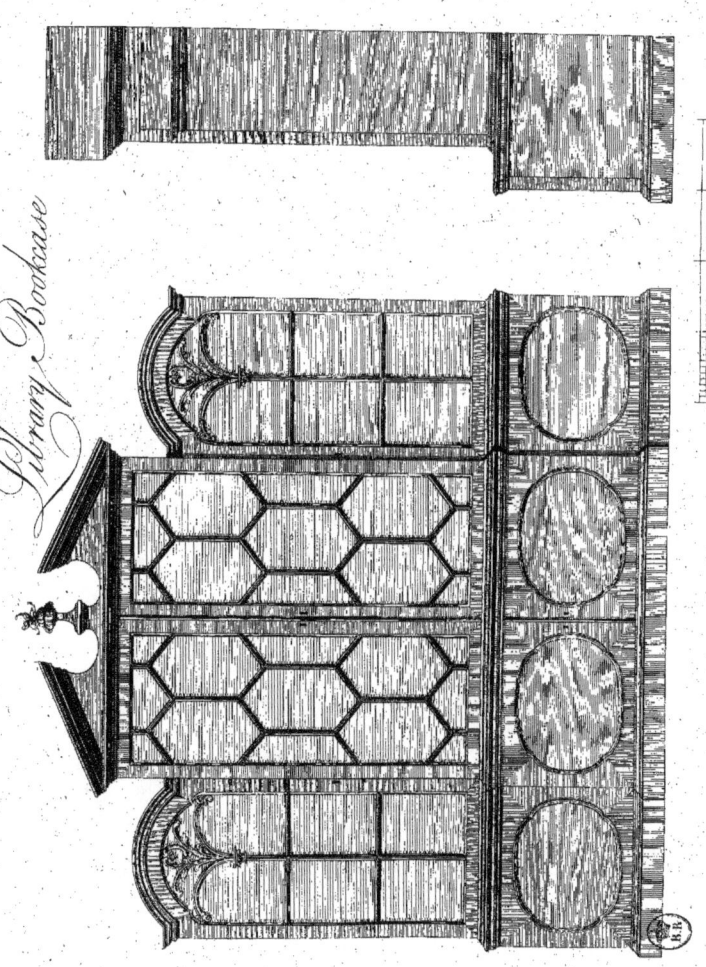

No. XCIII.

Library Bookcase

T. Chippendale inv. et del.
Pub. according to Act of Parl. am. 1763.
T. Miller sculp.

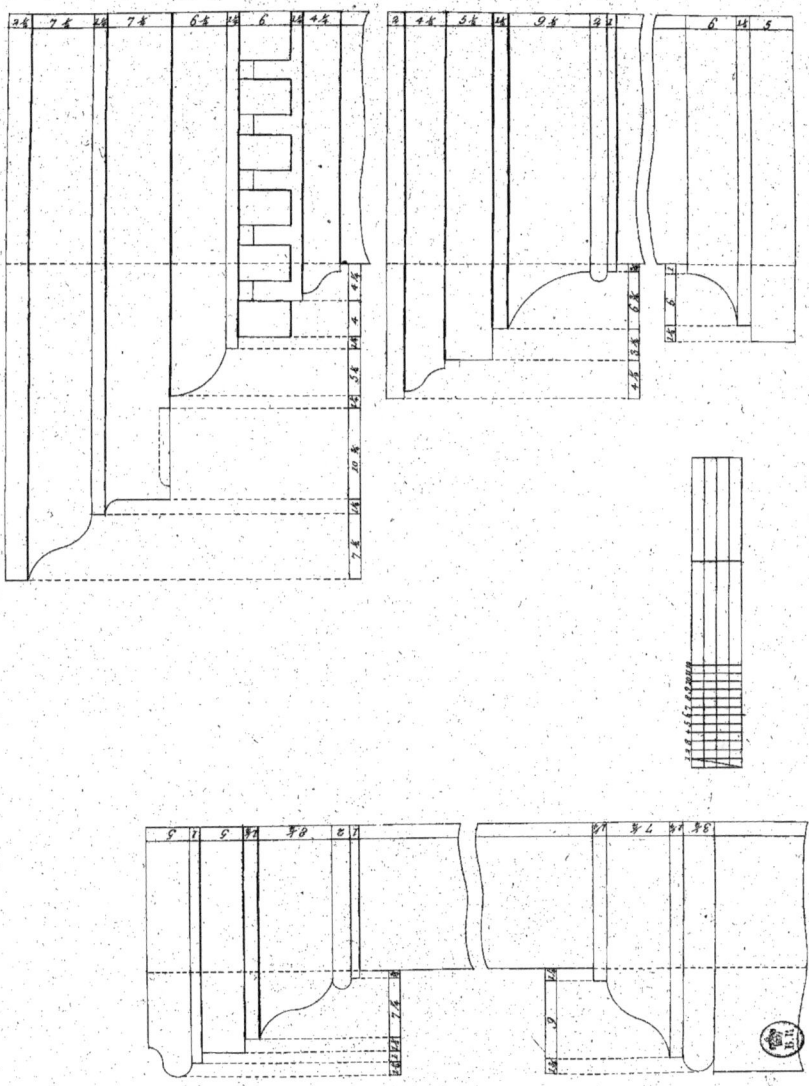

N°. XCV

Library Bookcase

T. Chippendale inv. delin.
Pub. according to Act of Parliam. 1753.
I. S. Miller sculp.

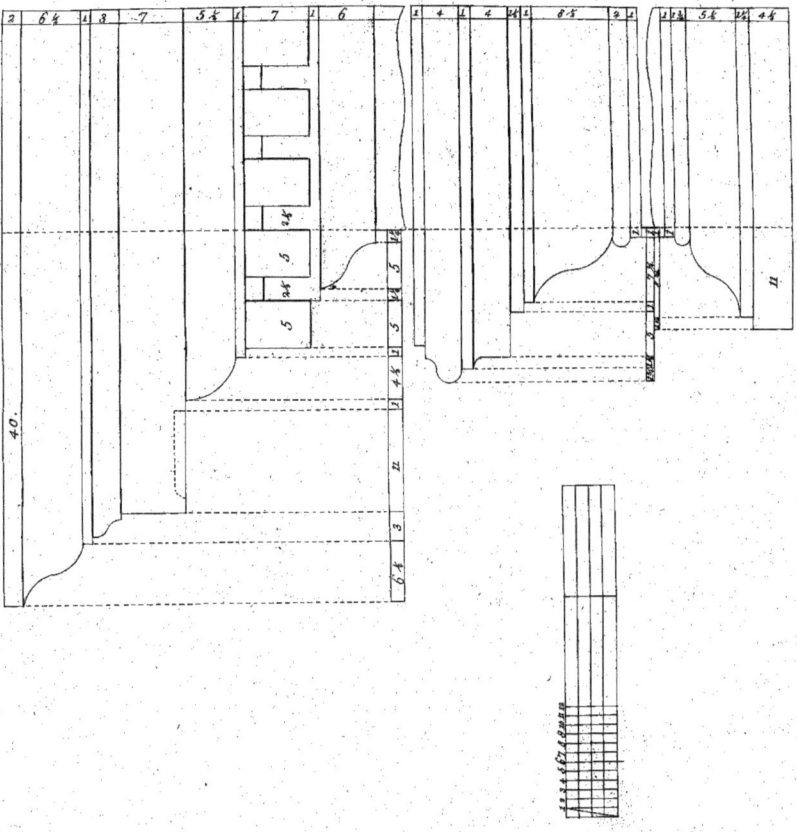
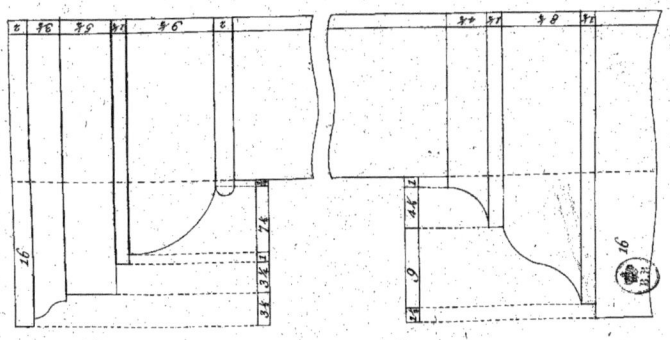

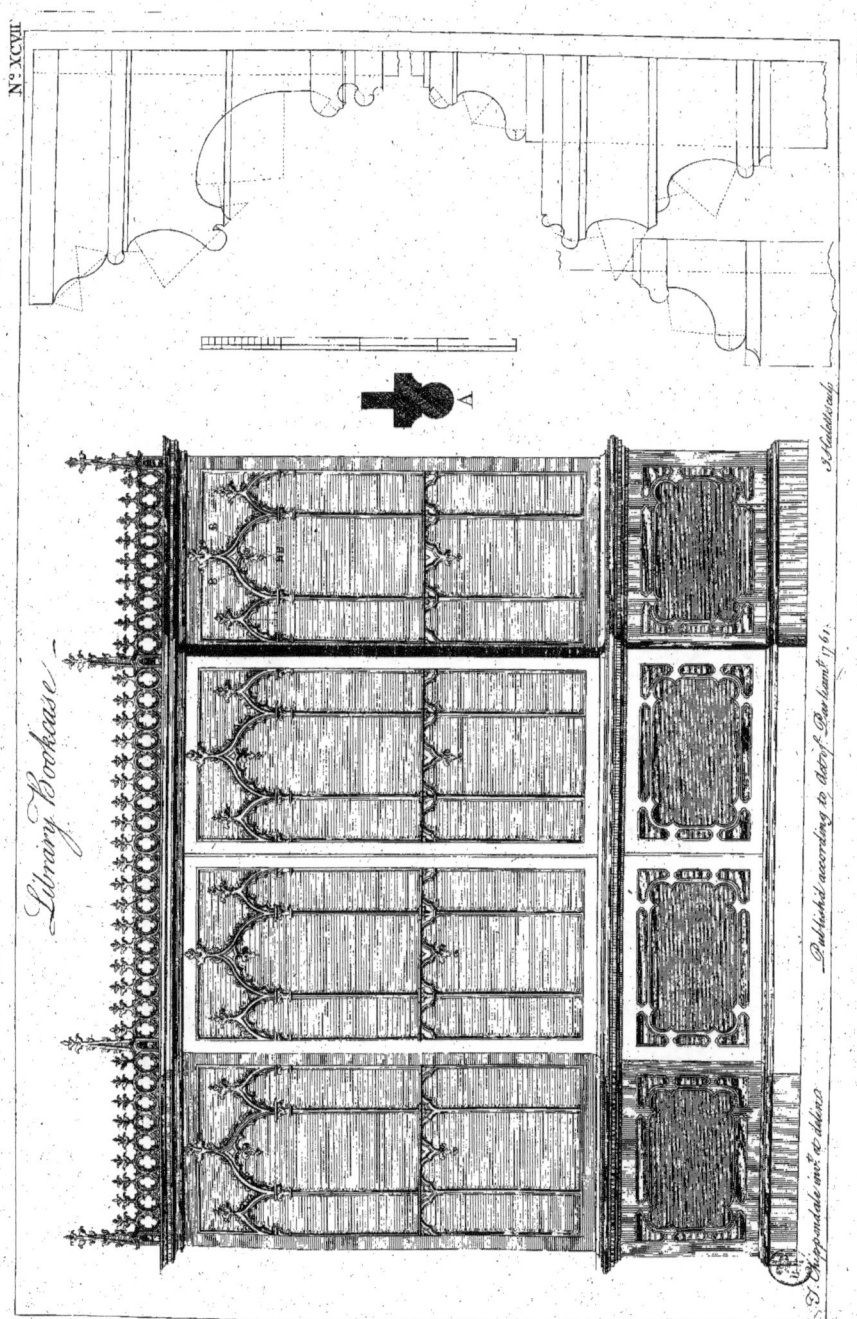

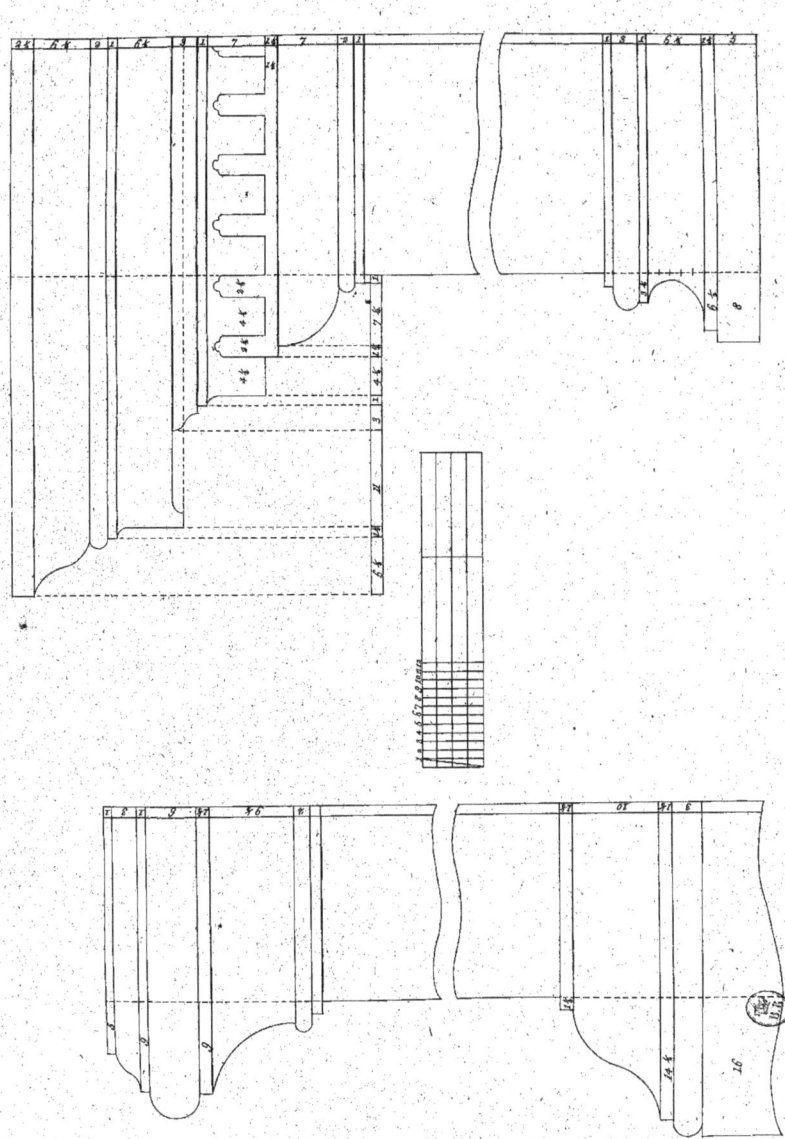

A Gothic Bookcase.

Library Bookcase.

N° CI.

T Chippendale inv.t et del.

Matthw sculp.

Chamber Organs.

N° CIII.

T Chippendale inv.t et delin.   Published according to Act of Parliament &c.   Hemerd sculp

Chamber Organs

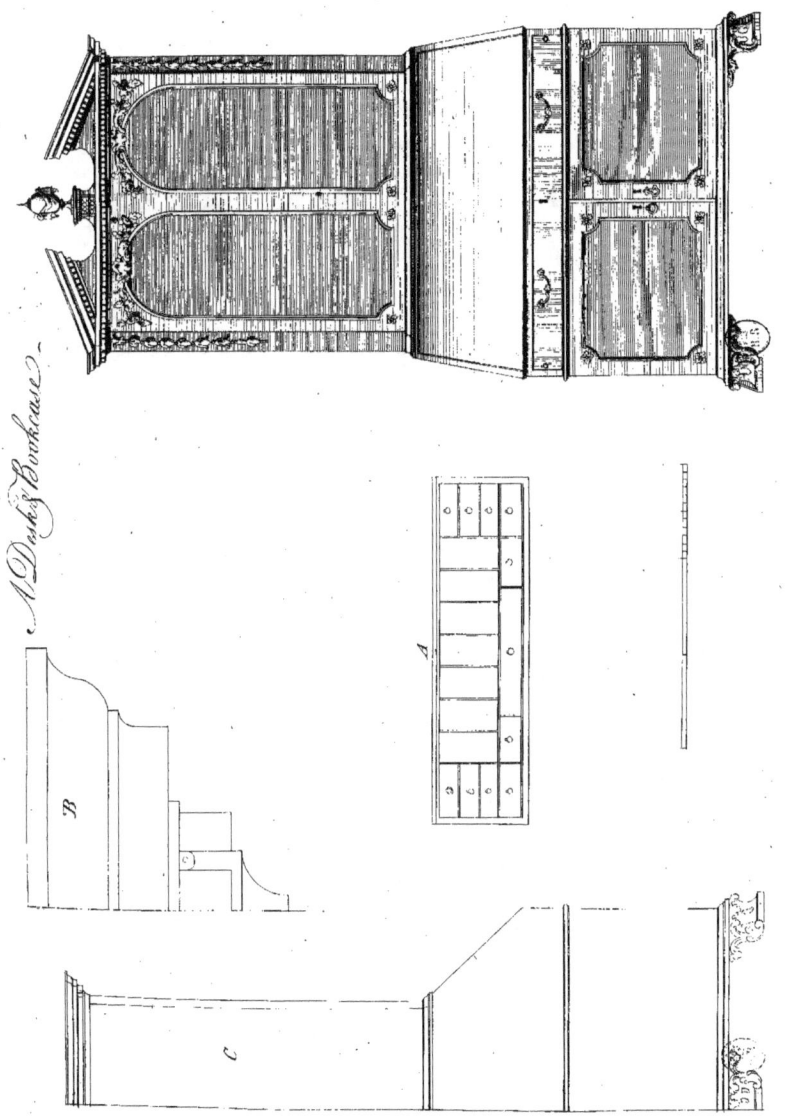

A Desk & Bookcase.

N° CVII.

T. Chippendale inv. et delin.

Published according to Act of Parliament 1760.

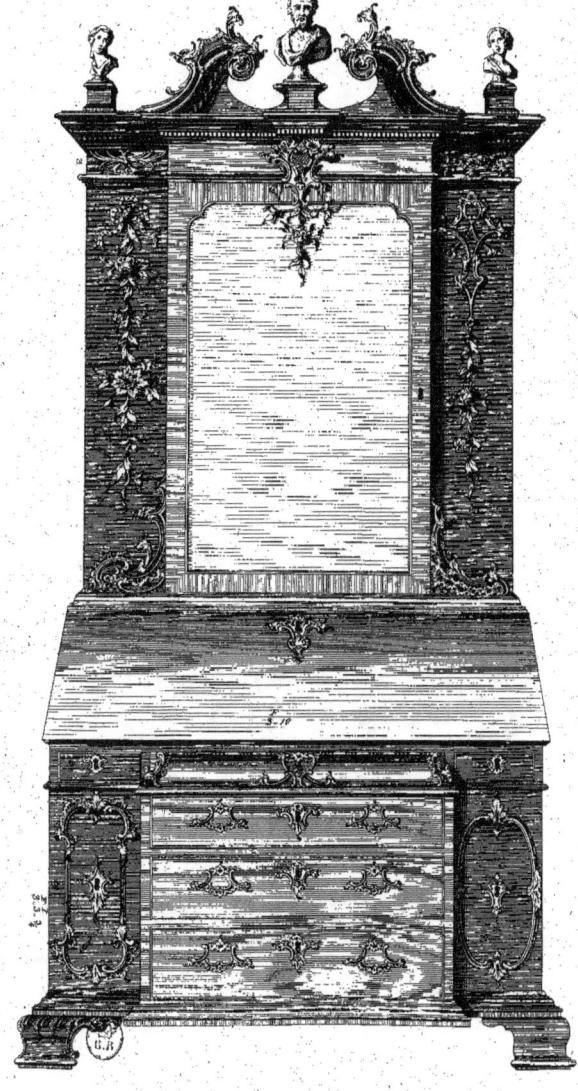

N° CIX. ## Desk & Bookcase.

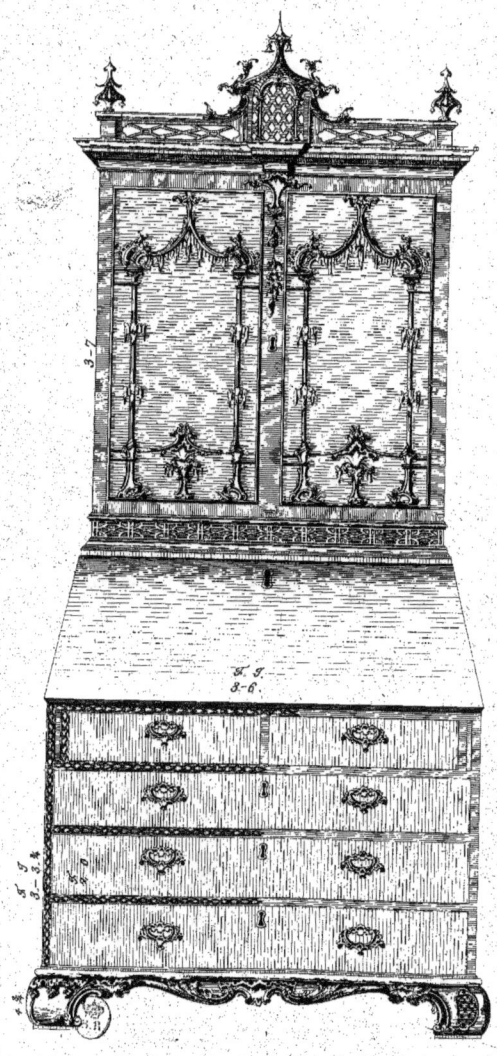

T. Chippendale inv.t et del. Pub. according to Act of Parliam.t 1753. M Darly sculp.

Nº. CX.

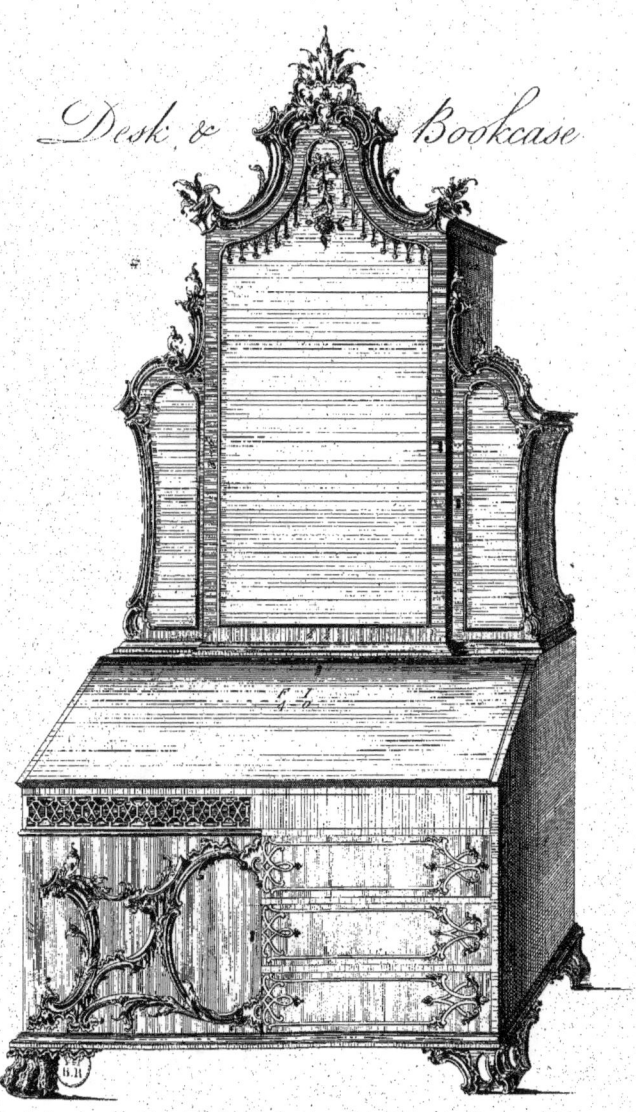

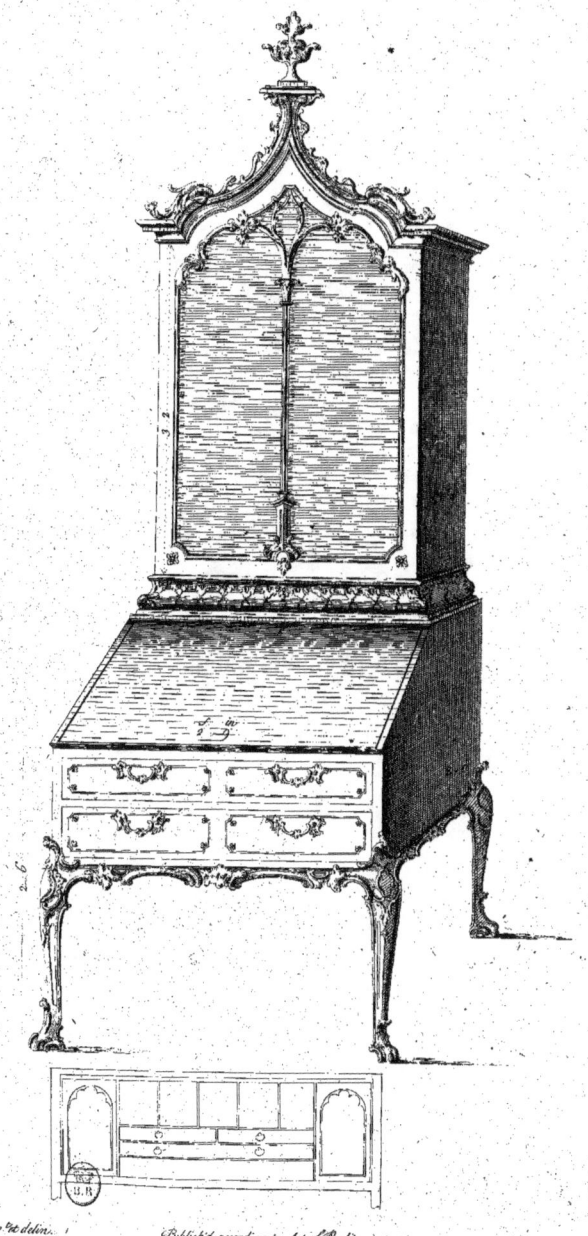

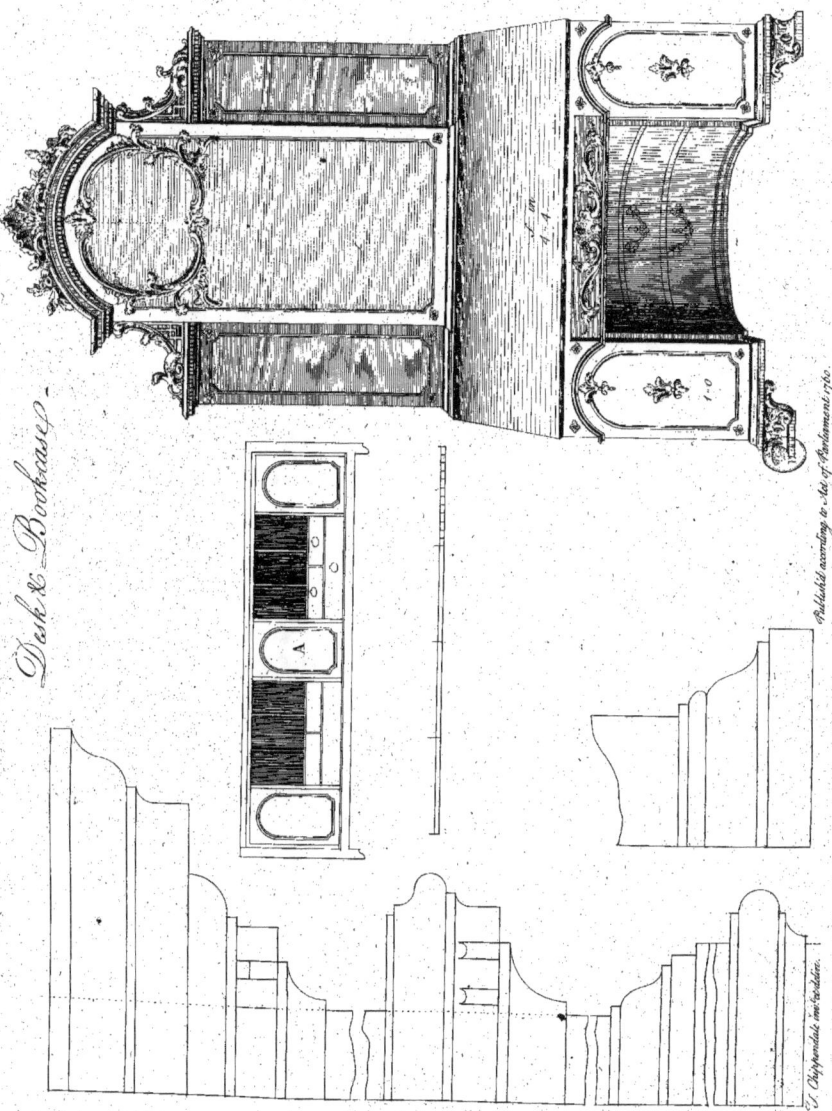

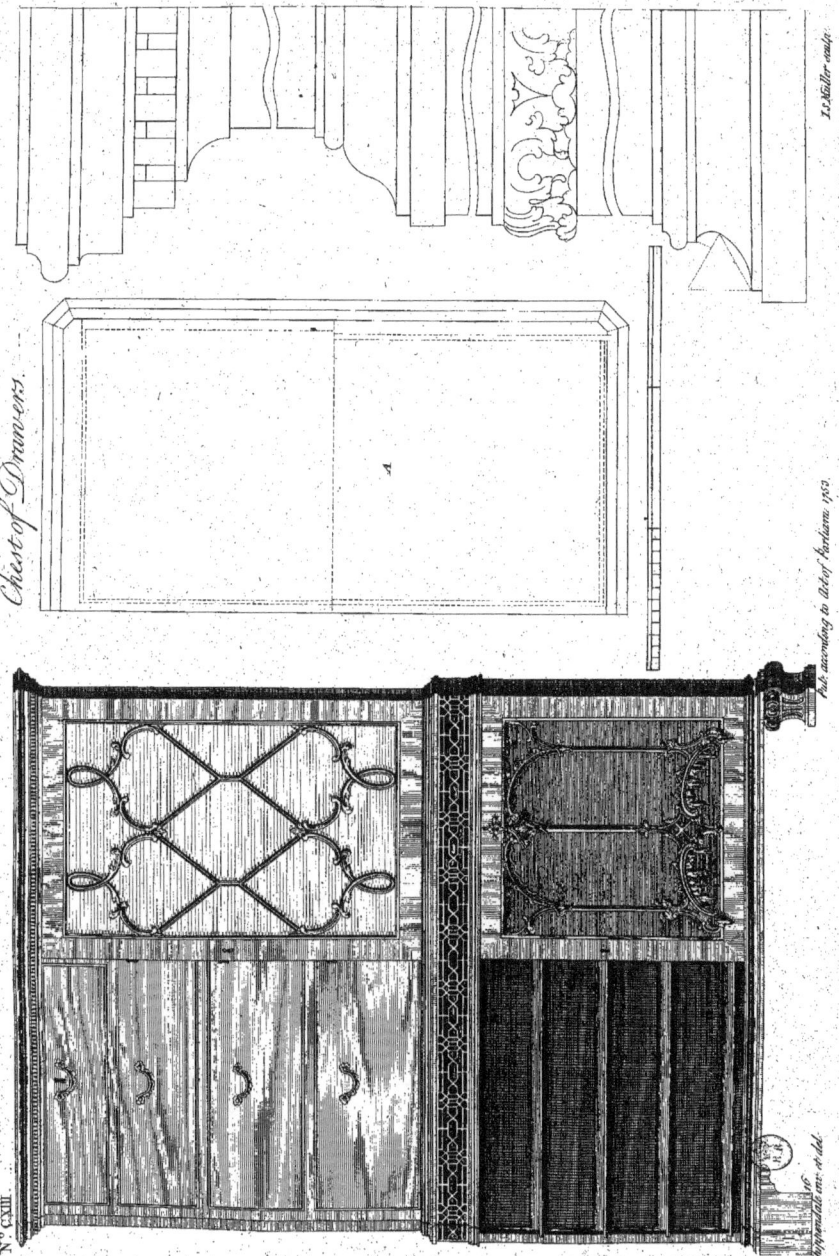

No. CXV Dressing Chest & Bookcase.

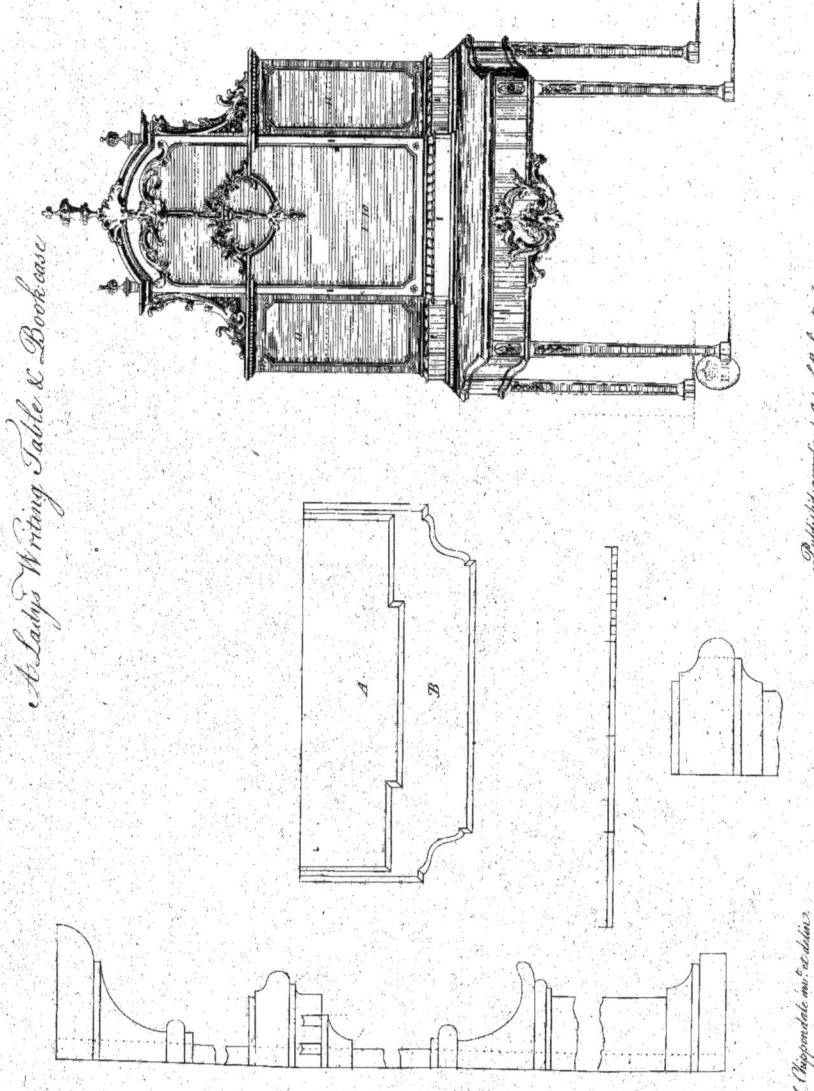

N° CXVII.

A Ladies Writing Table & Bookcase

T. Chippendale inv. et delin.

Published according to Act of Parliament 1760.

J. Dardy sculp.

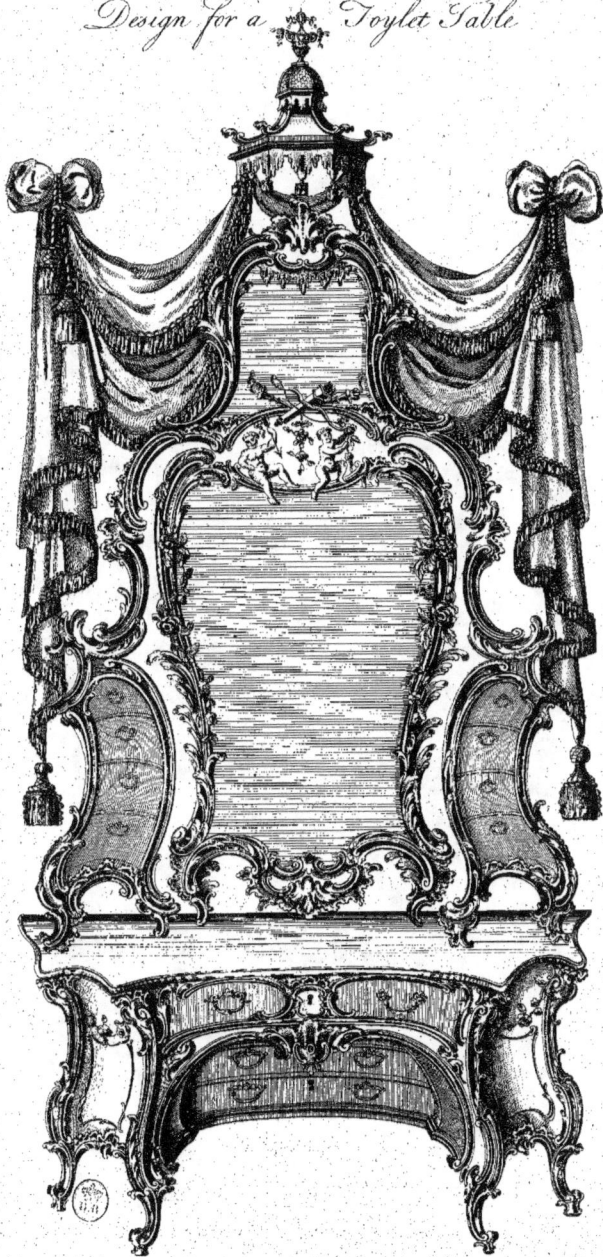

Design for a Toylet Table   N° CXVIII

T. Chippendale inv. et delin.   Publish'd according to Act of Parliam.t 1761.   W. Foster Sculp.

A Toylet Table.

Nº CXIX.

T. Chippendale invt. et delin. — Publish'd according to Act of Parliament 1760. — Morris sculp.

N°.CXXI.

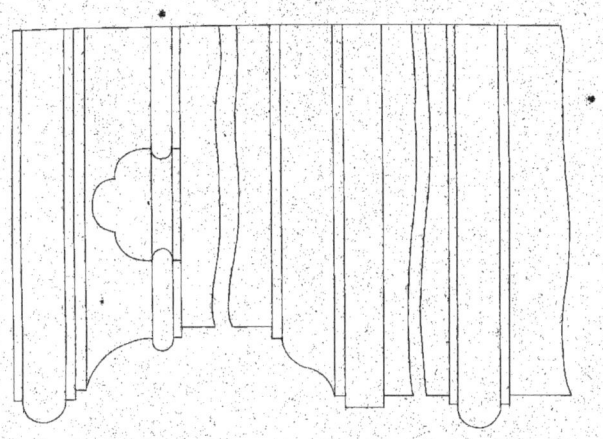

Cabinet.

T. Chippendale inv. et del.

Pub. according to Act of Parliam. 1753.

T. Miller sculp.

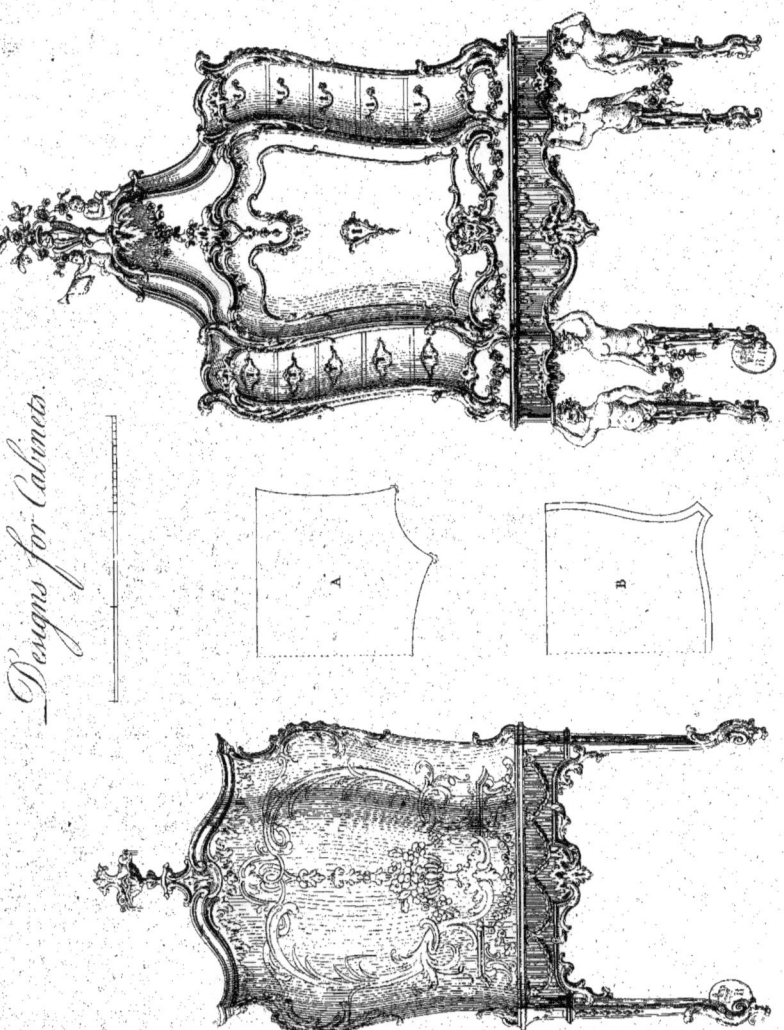

Designs for Cabinets.

N° CXXII.

Nº CXXIII.

Chinese Cabinet.

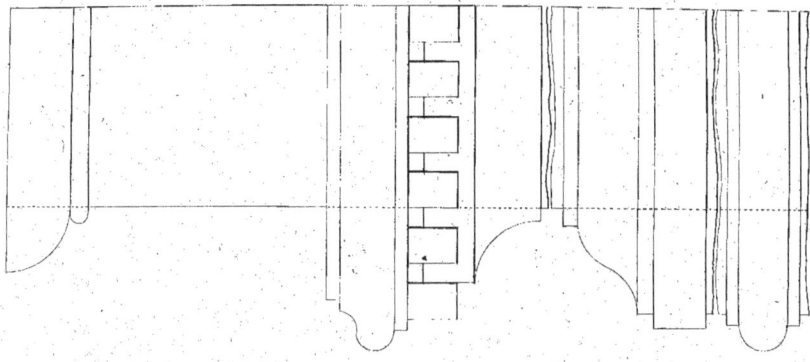
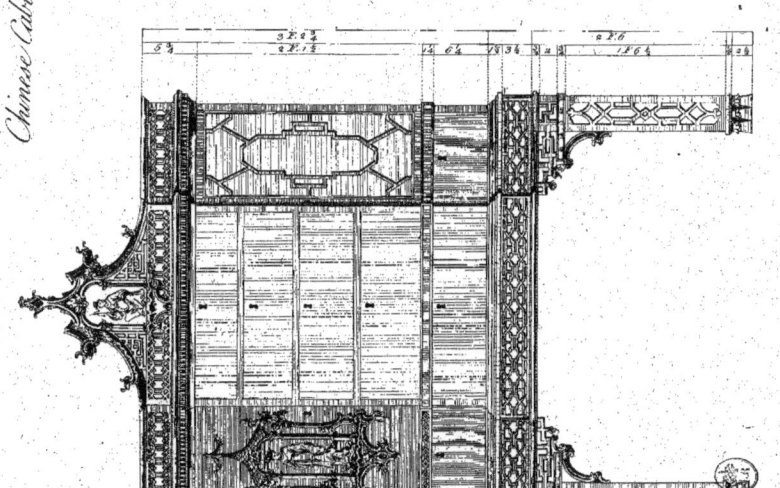

T. Chippendale inv. et delin.   Publish'd according to Act of Parliam.   M. Darly Sculp.

N° CXXIV.   A Cabinet.

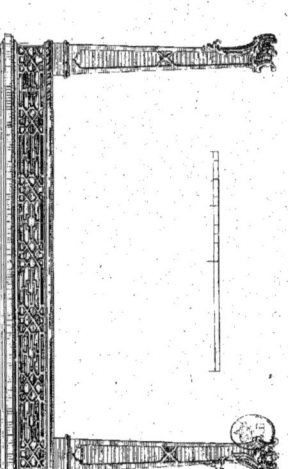

T. Chippendale inv.t et del.   Publish'd according to Act of Parliament.   M. Darly Sculp.t

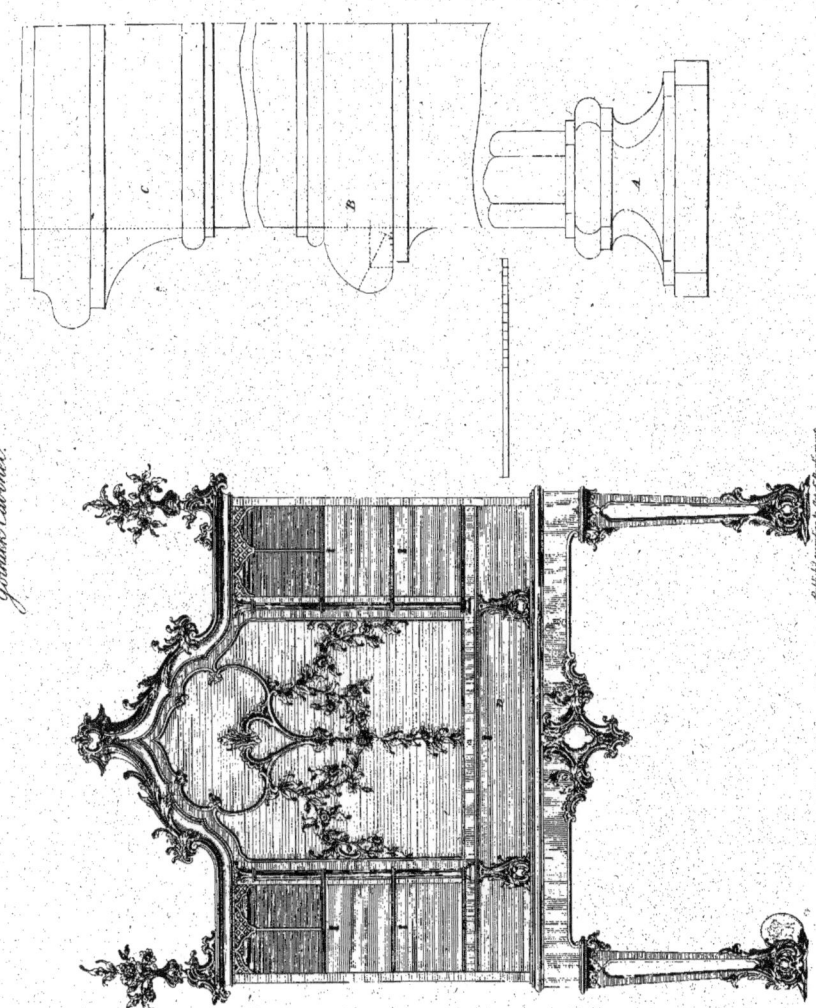

N.º CXXV. Gothick Cabinet.

N° CXXVII

Gothick Cloths Chest.

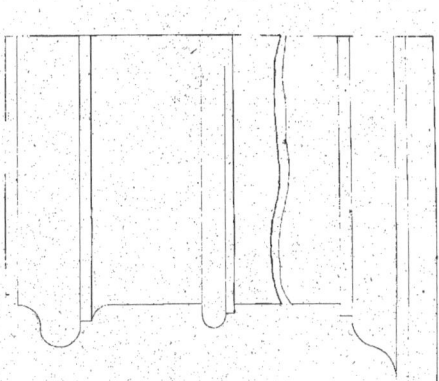
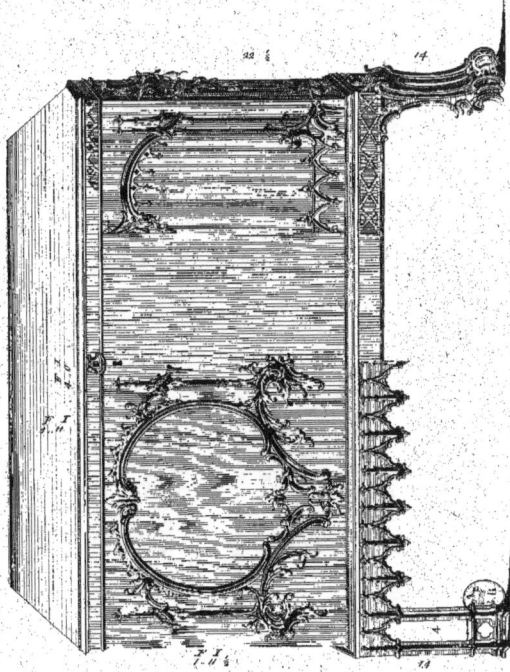

T. Chippendale inv. et del. Pub.d according to Act of Parliam.t 1763. Darley sculp.

N°. CXXVIII.

Two Designs of Cloths Chest

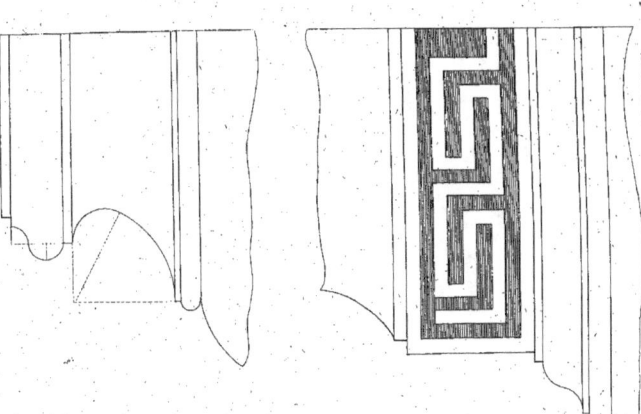

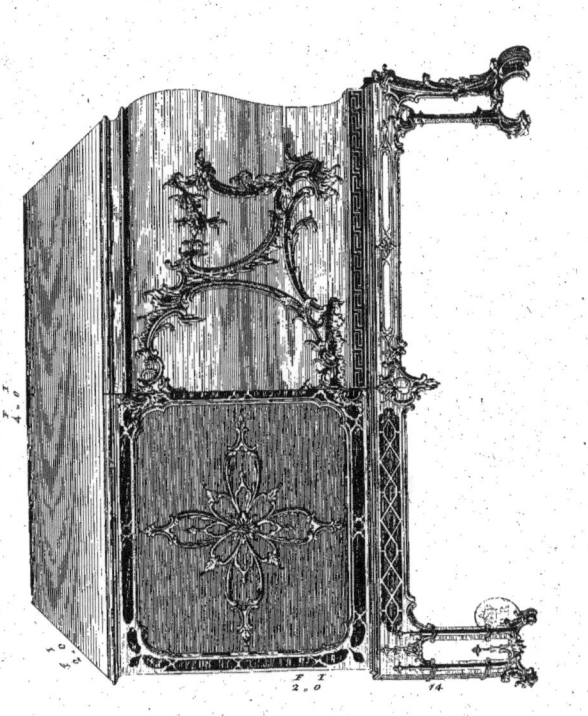

T. Chippendale inv. et del.   Pub. according to Act of Parliam. 1753.   T. S. Miller sculp.

N.º CXXIX

Cloaths Press

T. Chippendale invt. et delin.　Publ. according to Act of Parliam.t 1762.　Morly sculp.

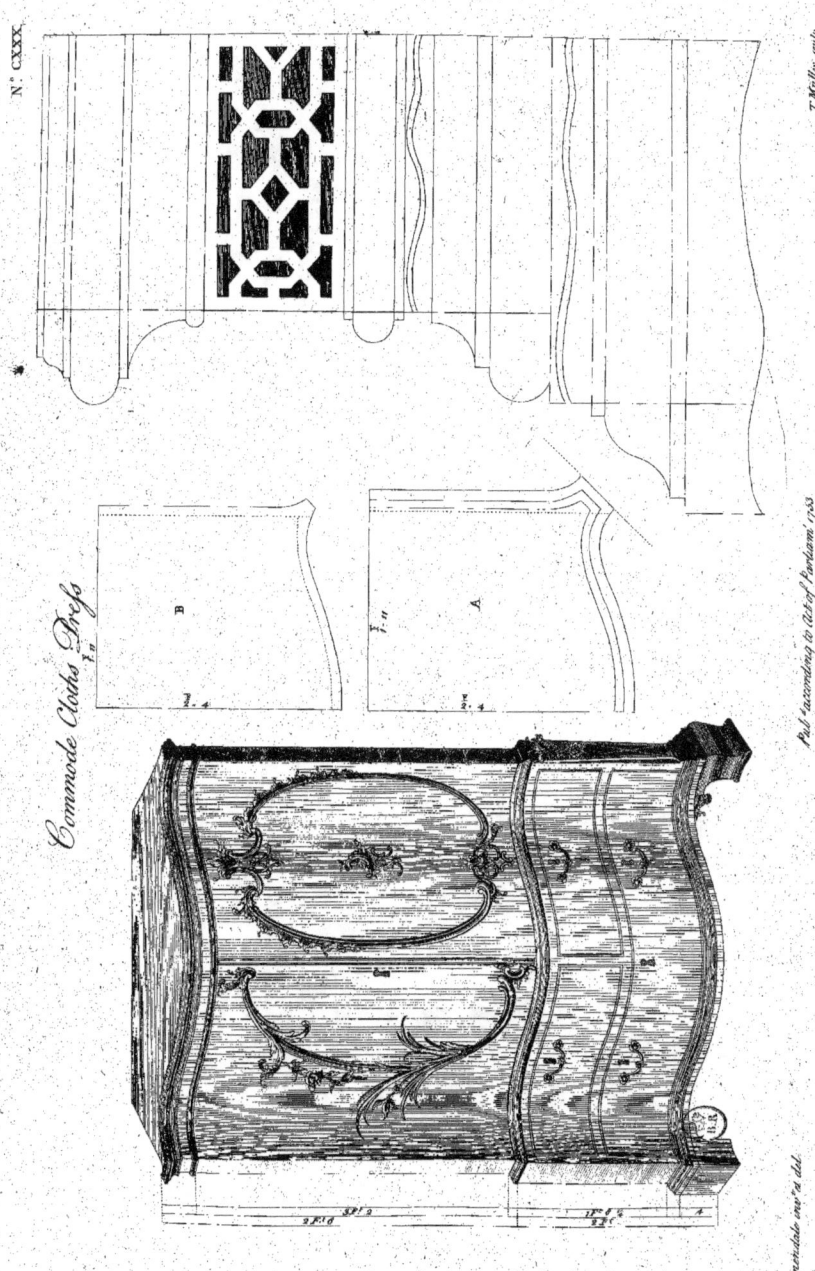

N° CXXXI

Commode Cloths Press.

T. Chippendale inv. et del.   Pub. according to Act of Parliam.t 1763.   T. Miller sculp.

N°. CXXXII.

China Case.

T. Chippendale inv.t et del.

M. Darly sculp.

Published according to Act of Parliament

Nº CXXXIV.   China Case.

T. Chippendale inv.t et del.   Pub.d according to Act of Parliam.t 1753   M. Darly sculp.t

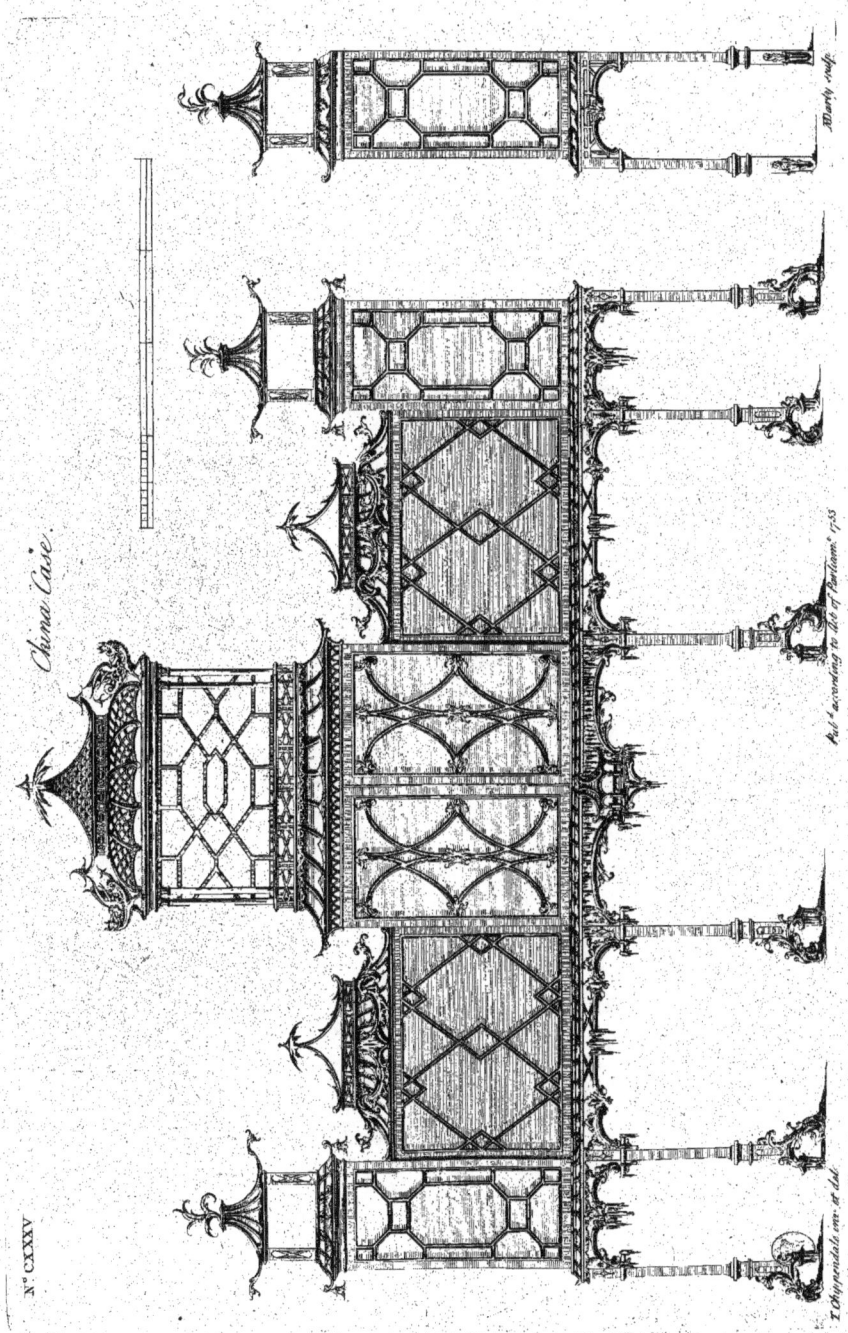

N.º CXXXV. China Case.

A China Case

Nº CXXXVI

T. Chippendale inv.t et delin.   Publish'd according to Act of Parliament 1760.

N° CXXXVII.

A Design for a China Case.

T. Chippendale inv. et delin.   Published according to Act of Parliament 1761.   Darly sculp.

Shelfs for Books &c.

No. CXXXVIII.

T. Chippendale inv. et delin.

Published according to Act of Parliament.

I. Taylor sculp.

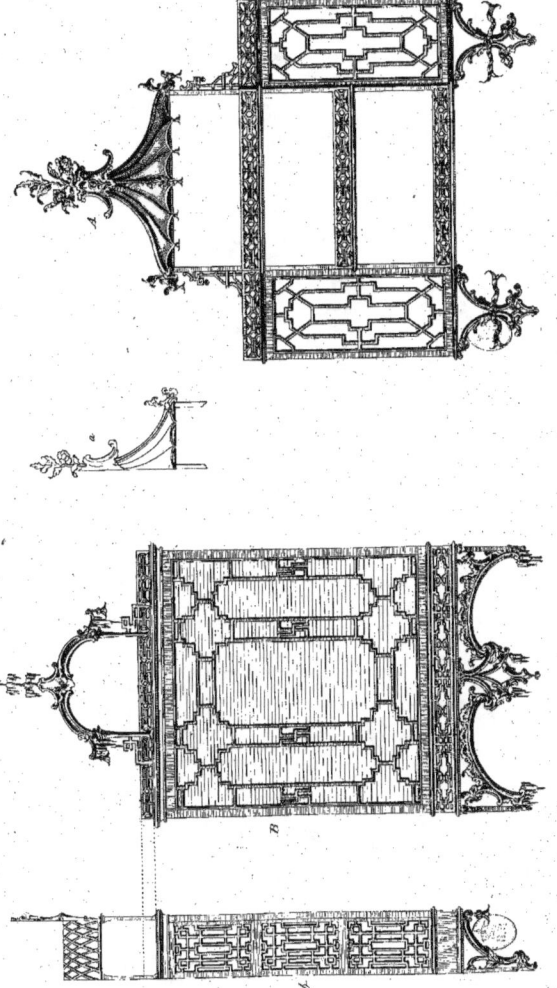

Hanging Shelves.

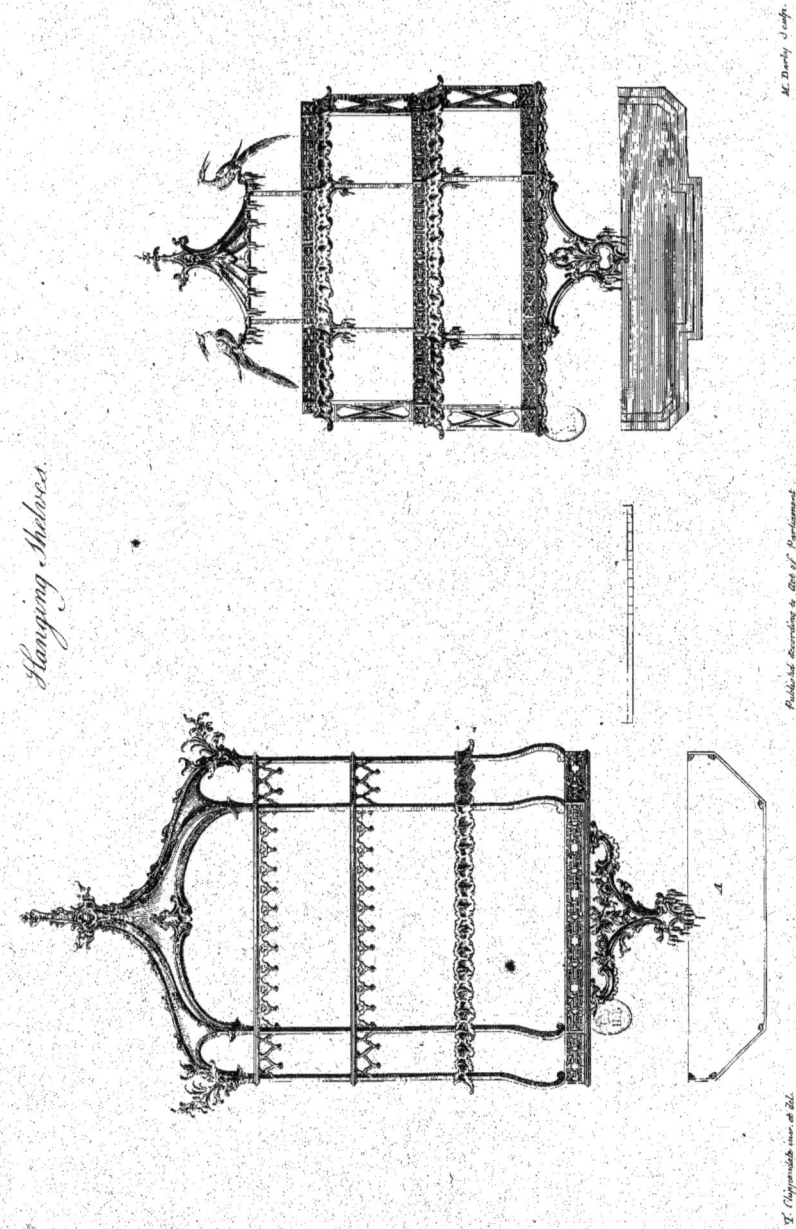

Hanging Shelves.

N° CXL.

N.º CIII

Shelves for China

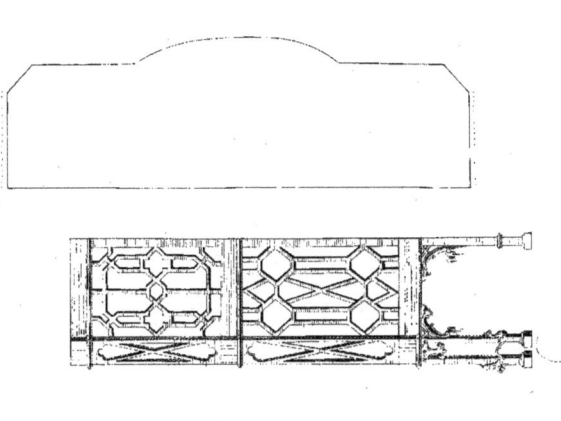
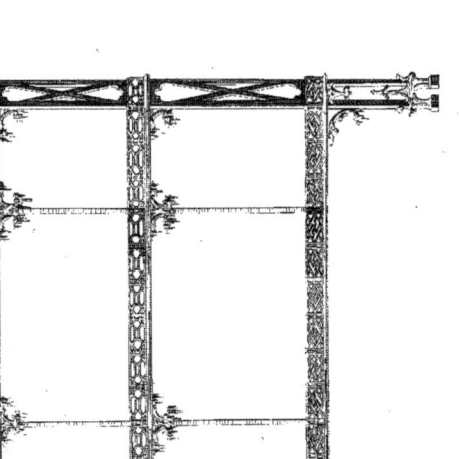

T. Chippendale inv.t et delin. — Published according to Act of Parliament 1761. — Darly Sculp.t

N°. CXLII.

China Shelf.

T. Chippendale inv. et delin.   Published according to Act of Parliament.   Marty sculp.

N.º CXLIII.

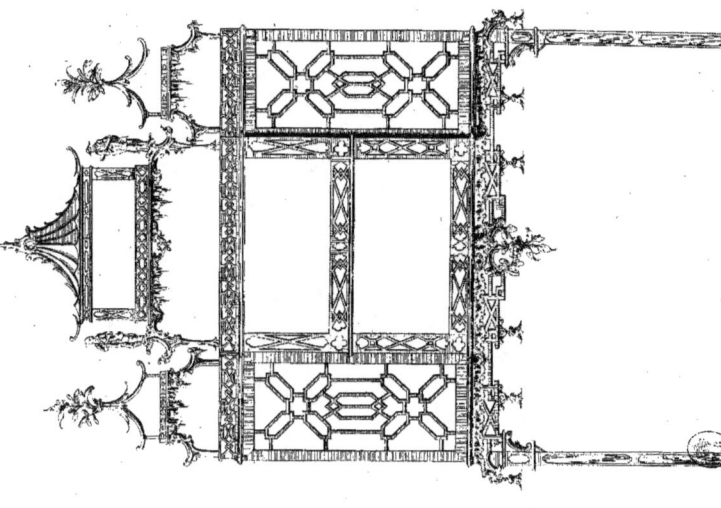

Designs for China Shelves.

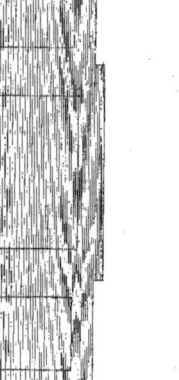

T. Chippendale inv.t et delin.

Publish'd according to Act of Parliam.t 1761.

Darly Sculp.t

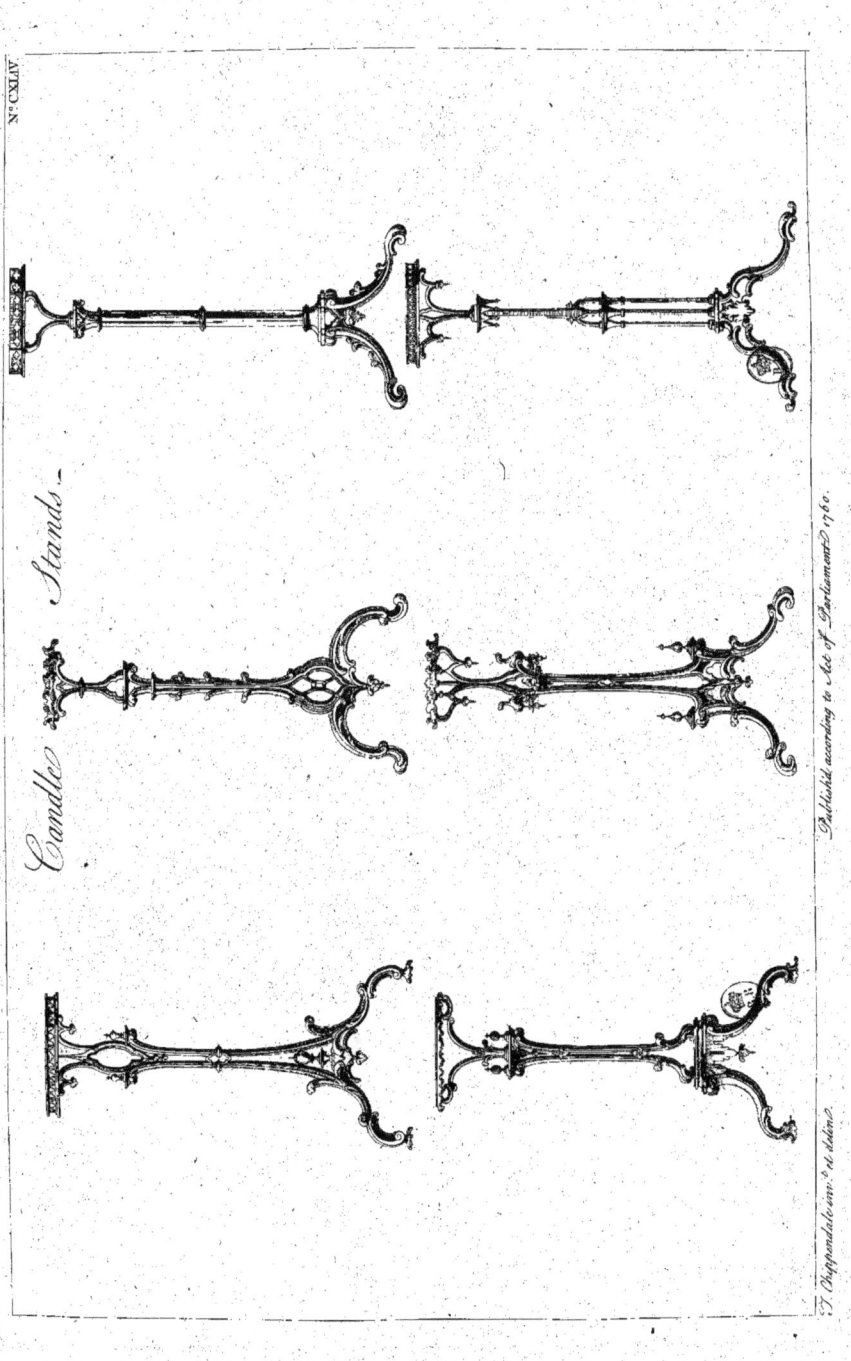

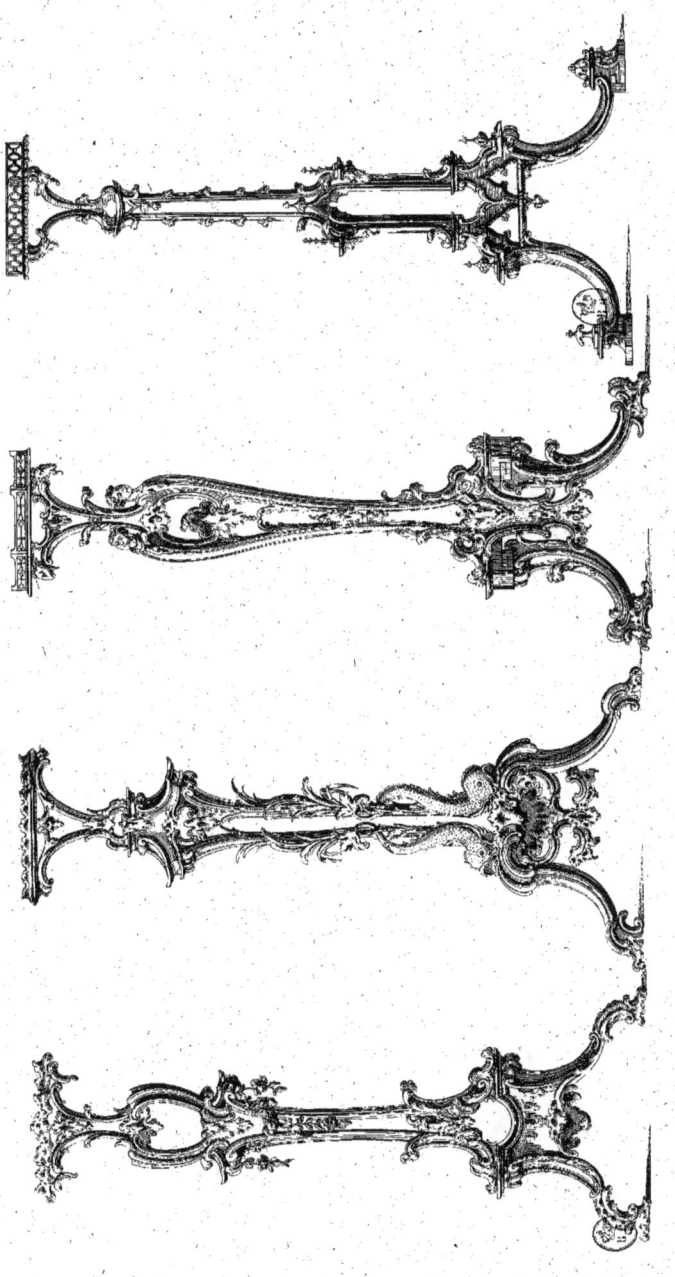

Candle Stands.

Nº CXLV.

N.º CXLVI.

Candle Stands.

T. Chippendale inv.t et del. Pub.d according to Act of Parliam.t 1753. M. Darly sculp.

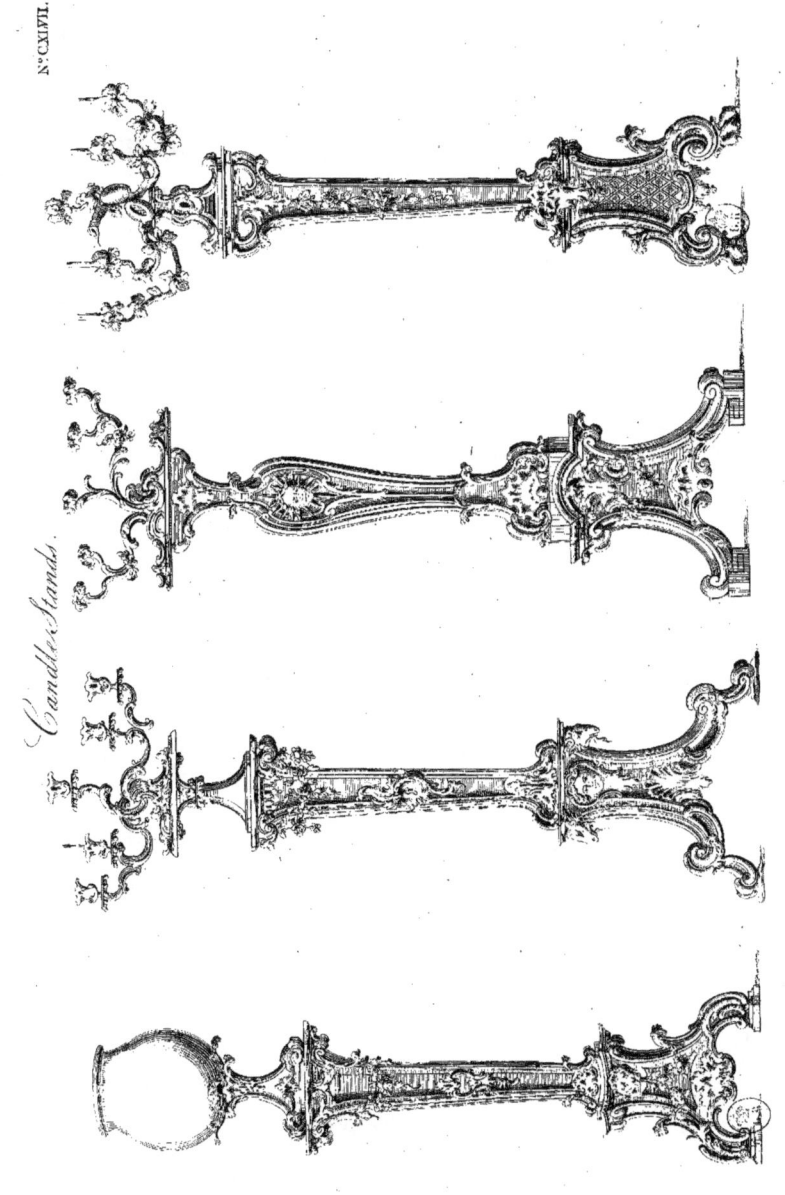

N° CXLVIII

Terms for Busts &c.

Published according to Act of Parliament 1760.

T Chippendale inv et delin.

Nº CXLIX

Stands for China Jarrs

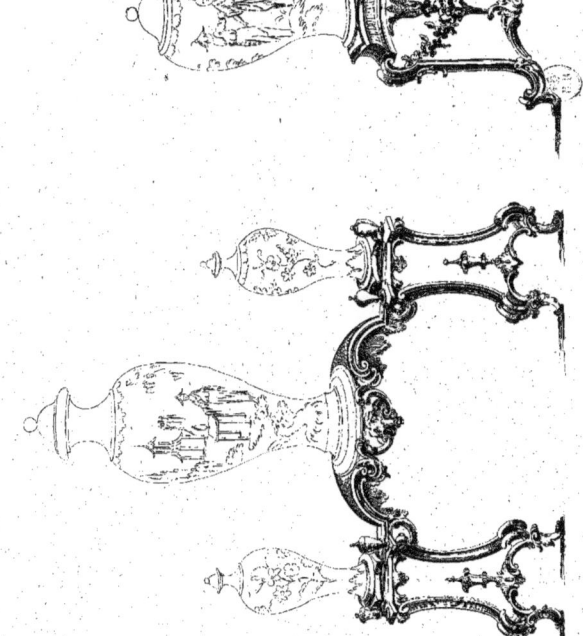

T. Chippendale inv. et delin.

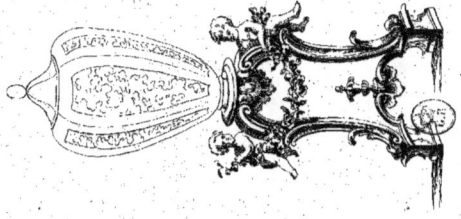

Publish'd according to Act of Parliament 1760.

W. Foster sculp.

N° CL.

Designs for Pedestals.

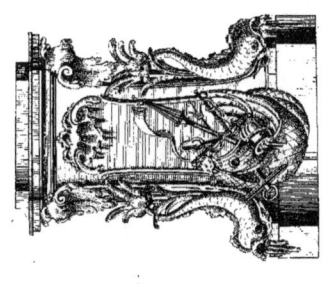
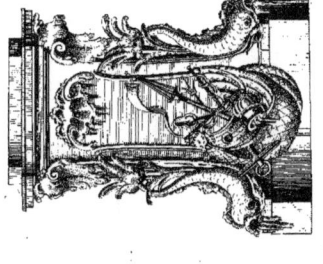
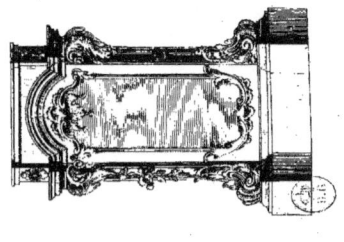

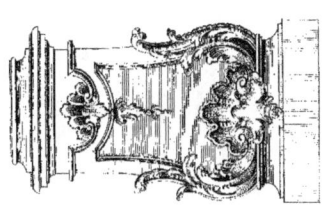
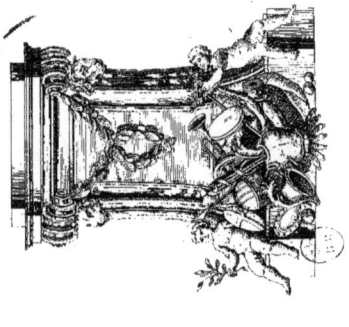

T. Chippendale inv. et delin.
Published according to Act of Parliament 1761.
M. Shuter sculp.

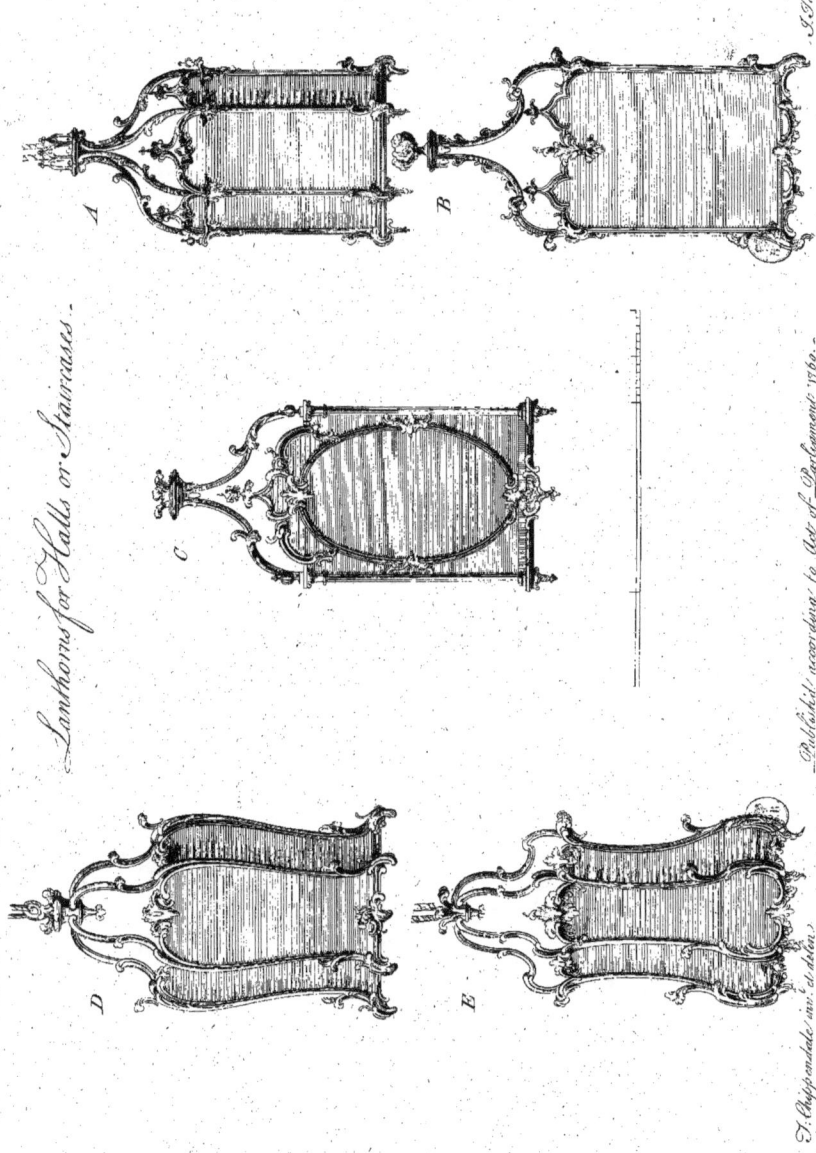

Lanthorns for Halls or Staircases.

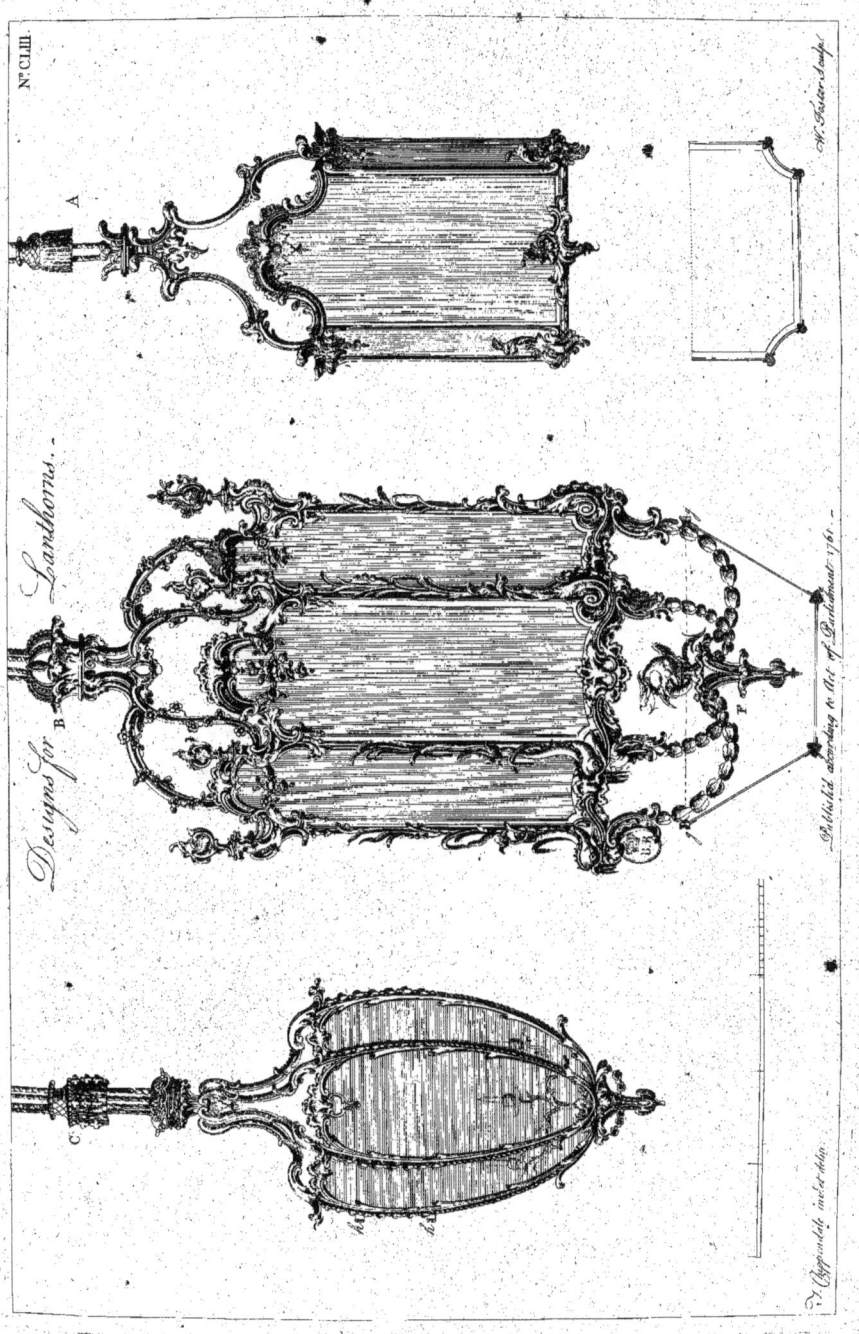

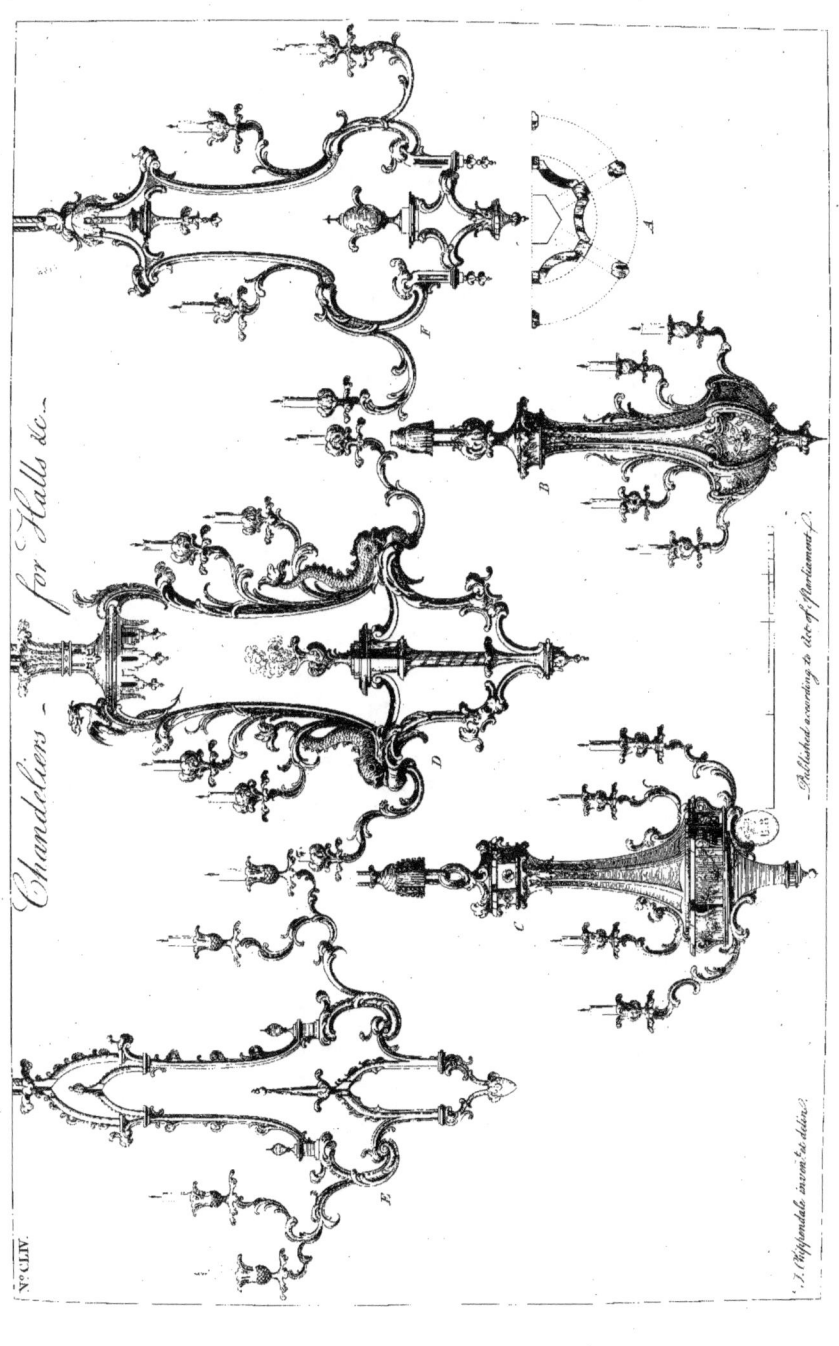

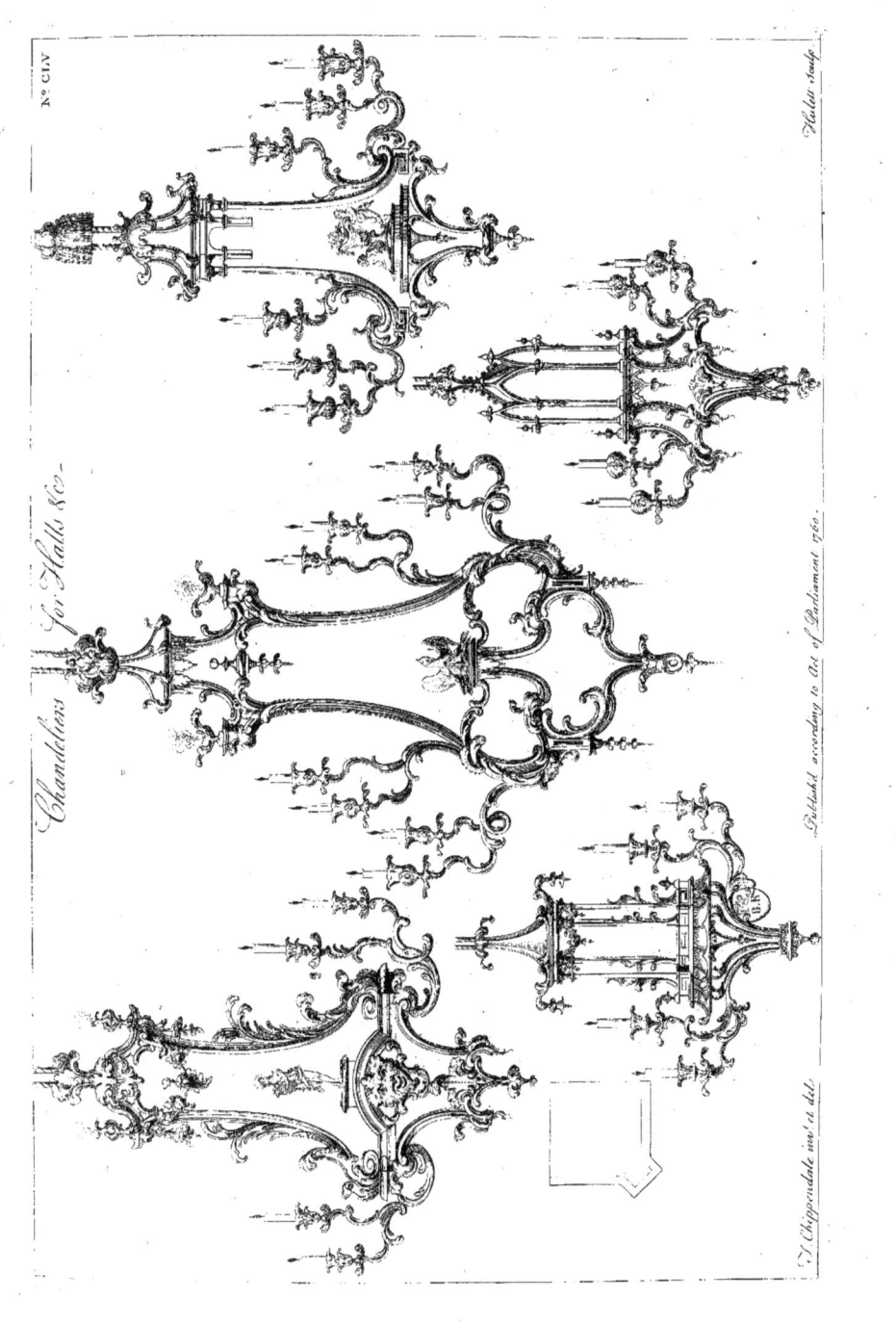

N°. CLVI.

Fire Screens

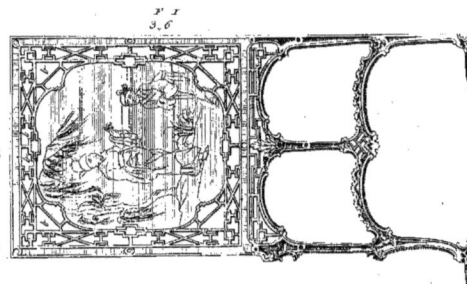

T. Chippendale inv.t et del.
Published according to Act of Parliament.
M. Darly Sculp.t

Fire Screens

Nº CLXII.

Designs for Fire Screens.

N.CLVIII.

T. Chippendale inv.et delin.   Publish'd according to Act of Parliam.t 1761.   A. Walker Sculp.

N°CLIX.

Six Designs of Tea Chests.

Published according to Act of Parliament 1762.

T. Chippendale invt. et delin.

M. Foster sculp.

Nº CLX.

Brackets for Busts.

T. Chippendale inv. et del.

Published according to Act of Parliament.

M. Darley Sculp.

N° CLXI.

Brackets for Bustos.

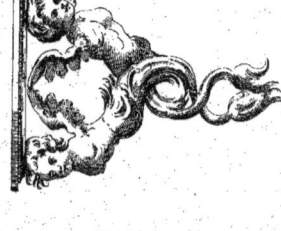

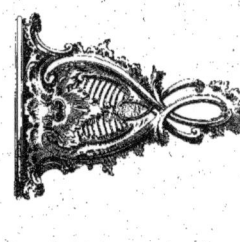

T. Chippendale inv.t et delin.   Published according to Act of Parliament 1753.   M.r Foster sculp.

N° CLXII.

Brackets for Marble Slabs.

T. Chippendale inv. et del.   Published according to Act of Parliament.   M. Darly sculp.

Nº CLXIII.

Clock Cases.

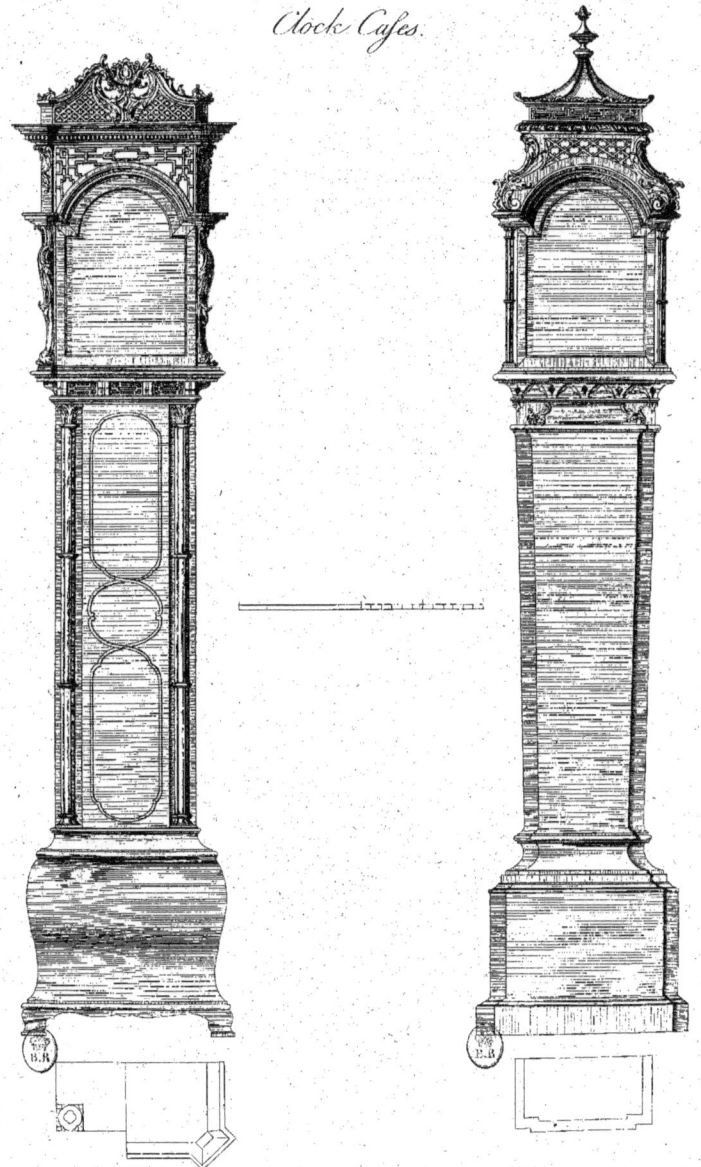

T. Chippendale invt. et del.   Published according to Act of Parliament   M. Darly Sculp.

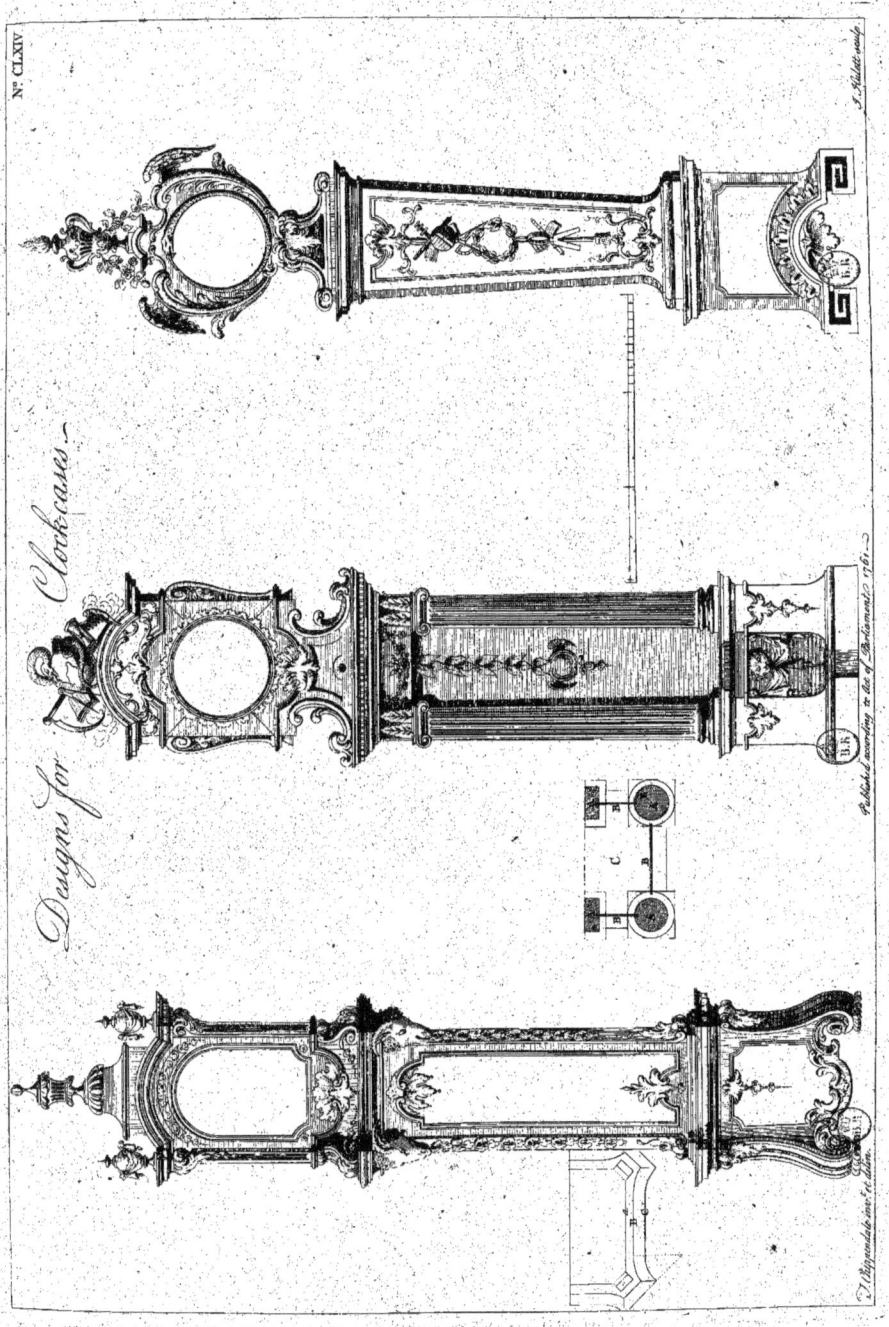

Table Clock Cases.

N° CLXV

T. Chippendale inv.t et del.

Published according to Act of Parliament

M. Darly sculp.

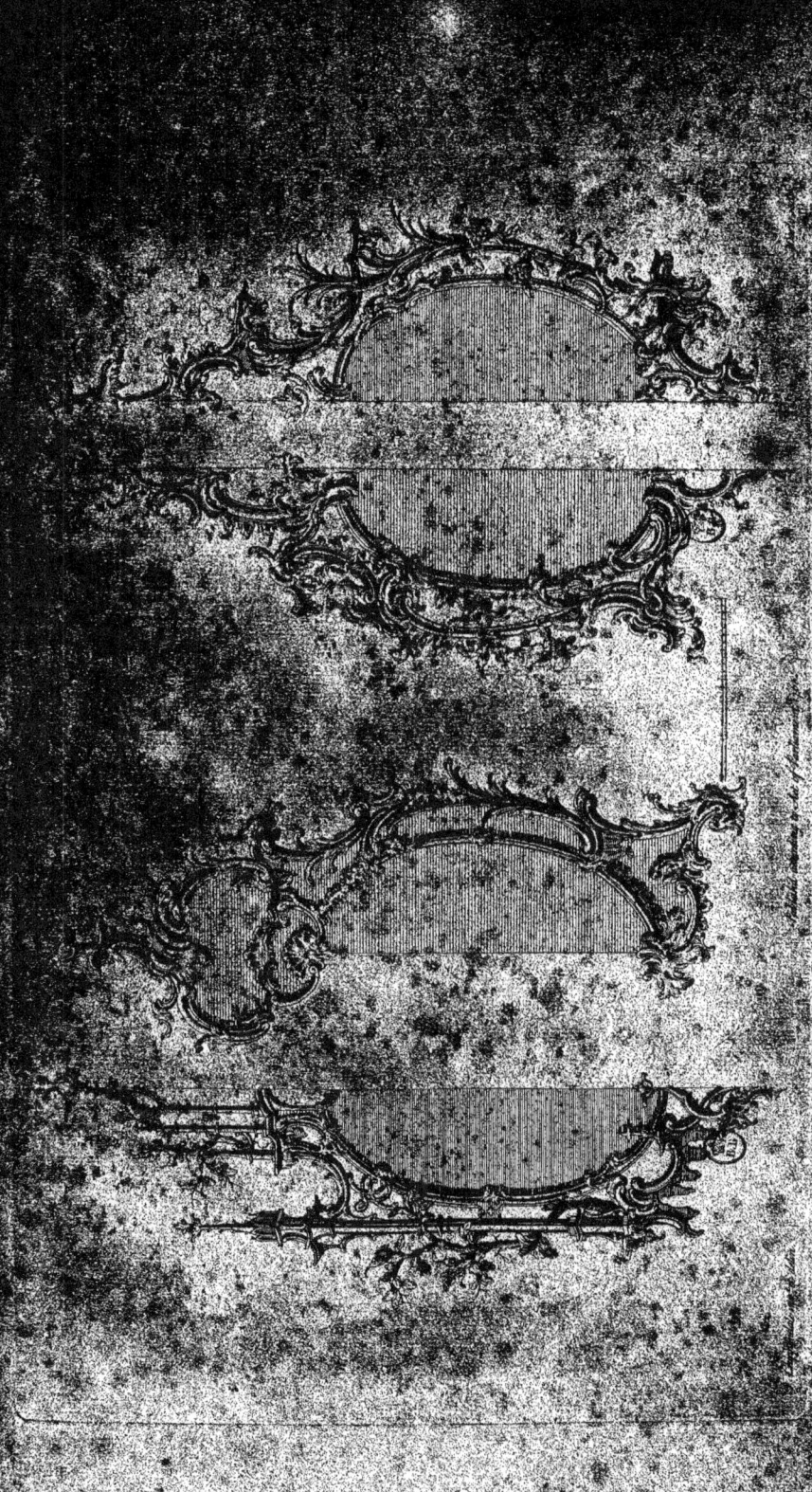

Nº CLXIX.   Pier Glass Frame.

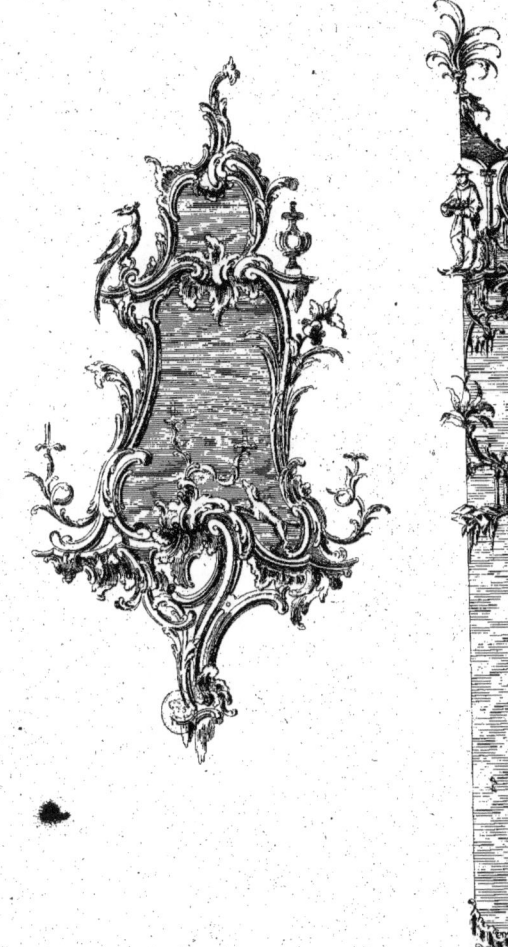

T. Chippendale invᵗ et del.   Published according to Act of Parliament   M. Dary Sculp.

Glass Frames.   N.º CLXXI.

T. Chippendale inv. et delin.   Publish'd according to Act of Parliament 1762.   Isaac Taylor Sculp.

Nº CLXII.

Glass Frames.

T. Chippendale inv. et delin.   Published according to Act of Parliament 1760.   J. Darly sculp.

Nº CLXXIV. *Pier Glass Frames*

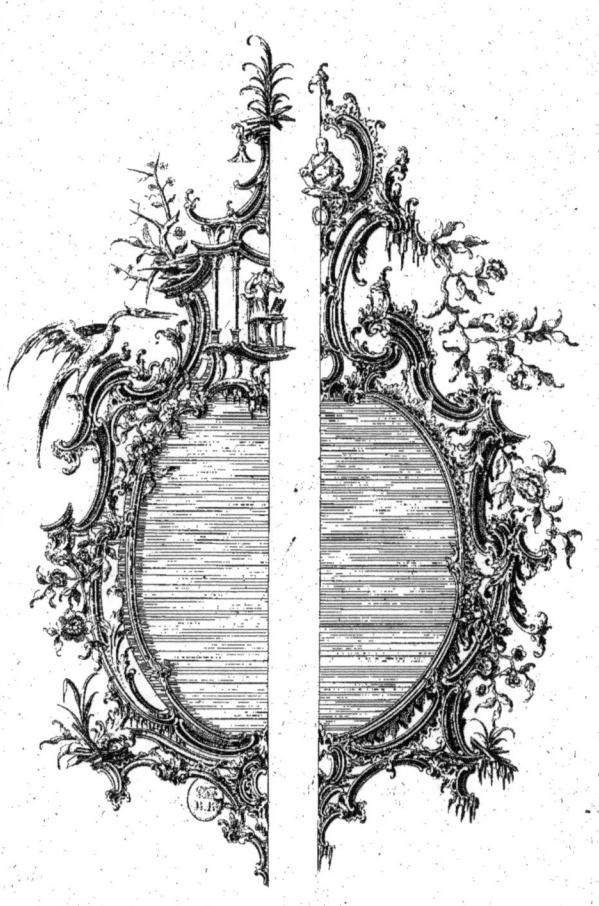

T. Chippendale inv. et del.   Published according to Act of Parliament.   M. Darly Sculp.

N.º CLXXV.

Frames for Marble Slabs.

T. Chippendale inv. et delin.

Published according to Act of Parliament, 1760.

M. Darly sculp.

Frames for Marble Slabs

N.º CLXXVI

T. Chippendale inv.t et delin.   Published according to Act of Parliament 1760.   Darly sculp.

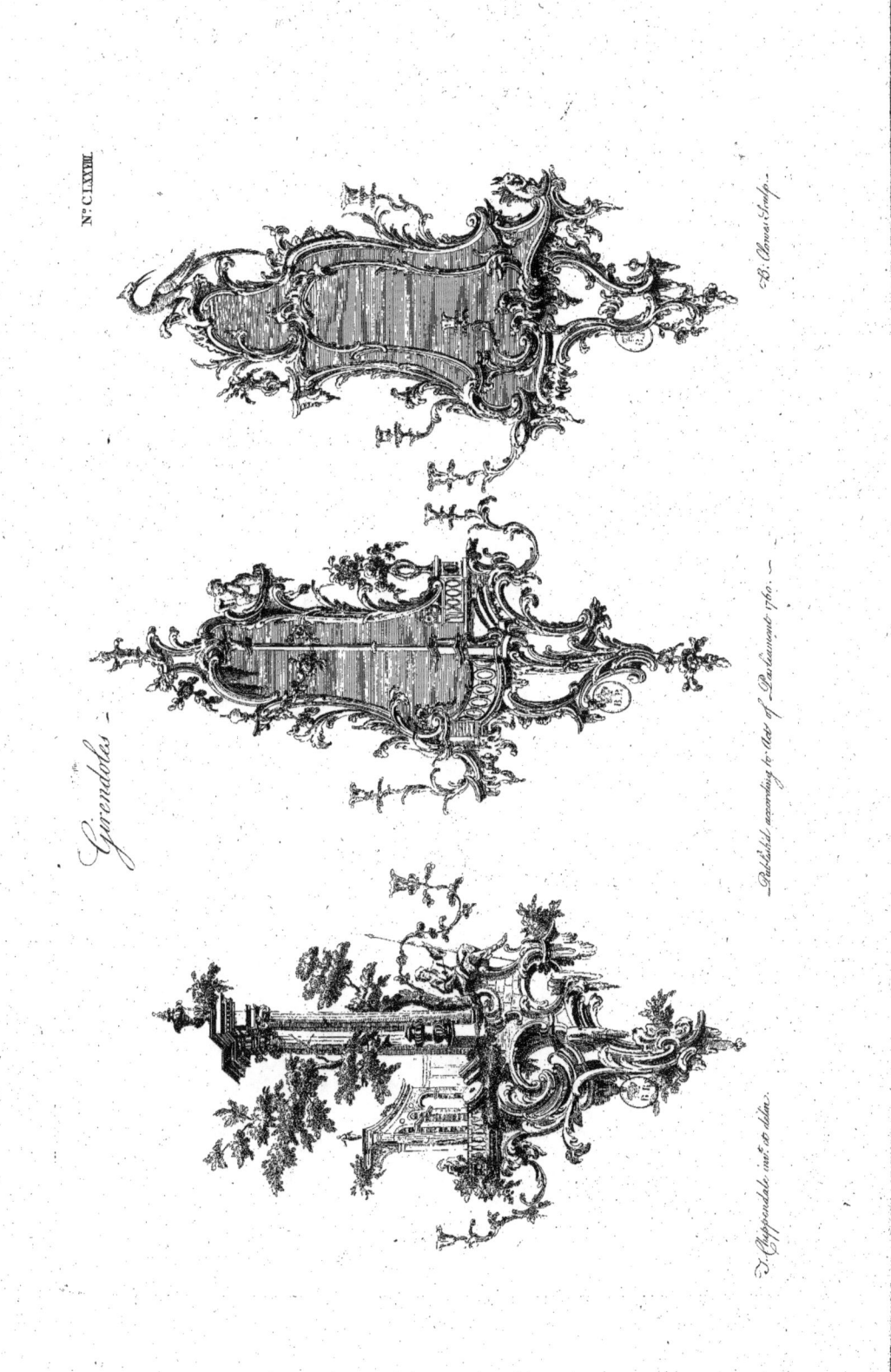

Chimney Pieces. Nº CLXXX.

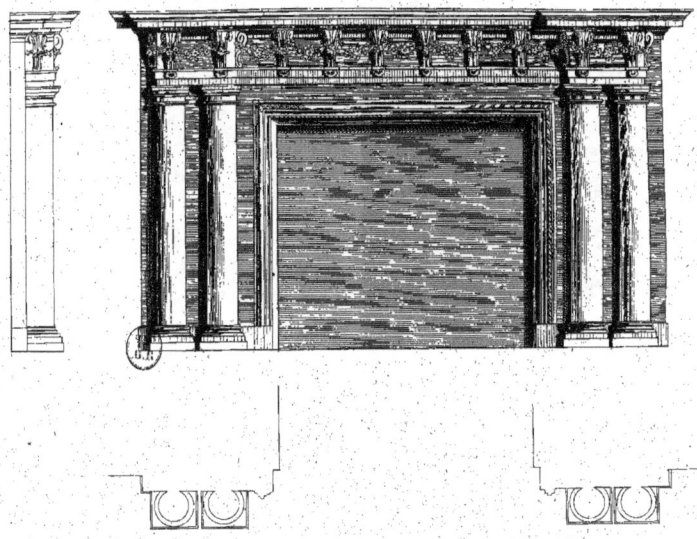

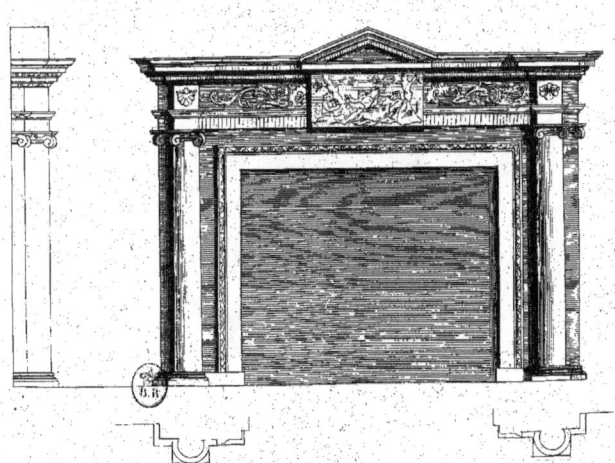

T Chippendale inv.t et delin. Publish'd according to Act of Parliament 1760. M Darly sculp.

Nº CLXXII.

Two Designs for Chimney Pieces.

T. Chippendale inv. et delin.

Published according to Act of Parliament 1761.

B. Clowes sculp.

Nº CLXXXII.

A Design for a Chimney Piece.

T. Chippendale inv.t et delin.   Published according to Act of Parliamt 1761.   Clowes sculp.

A Design for a Chimney Piece.   Nº CLXXXIV.

Stove Grates

N°. CXCI

Stone Grates.

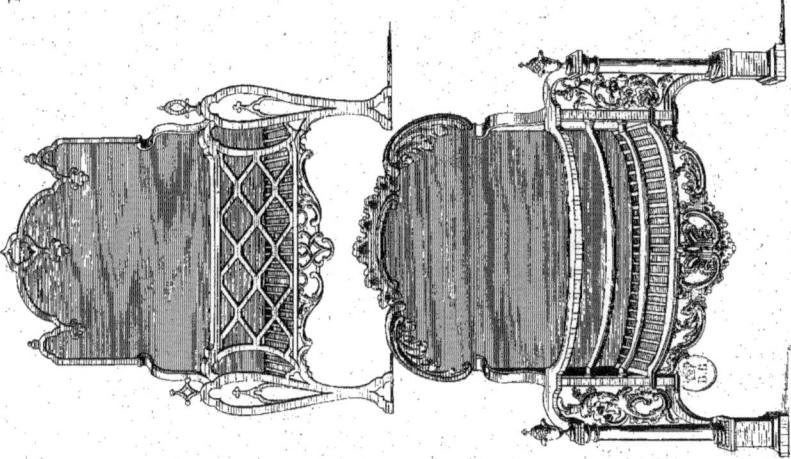
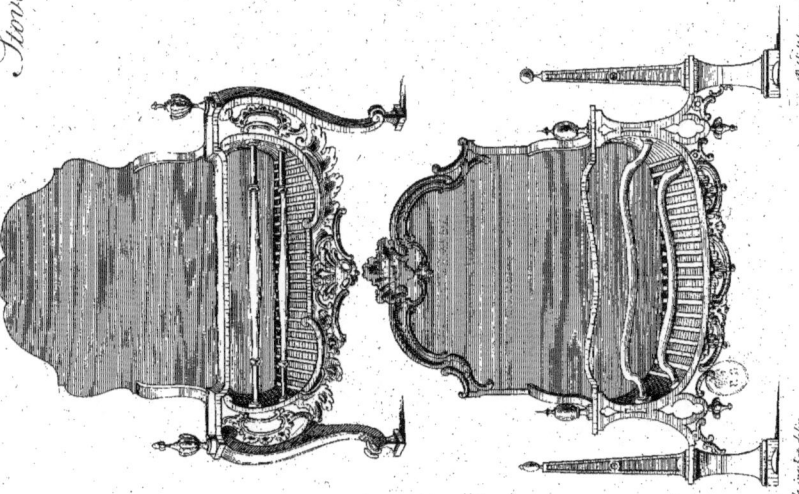

T. Chippendale inv. et delin.   Published according to Act of Parliament 1760.   Mowby sculp.

Frets

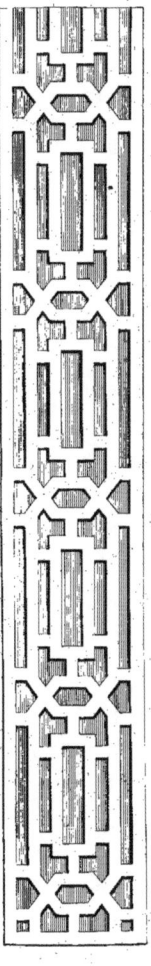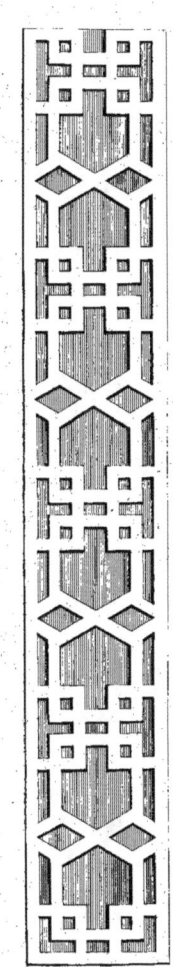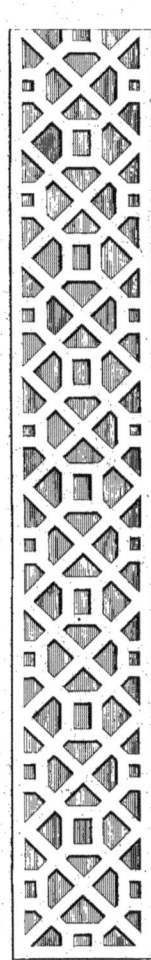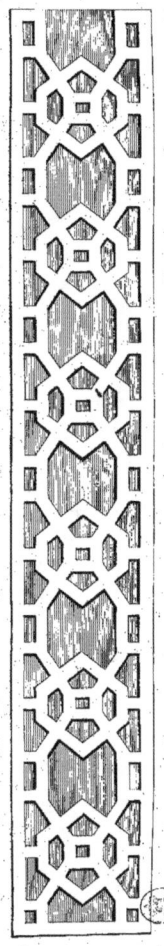

Frets

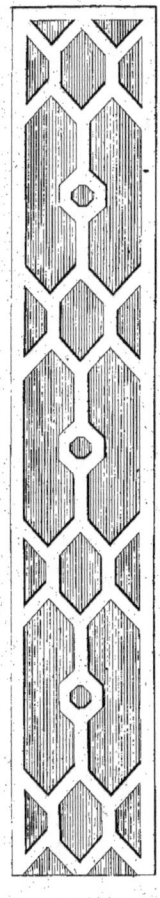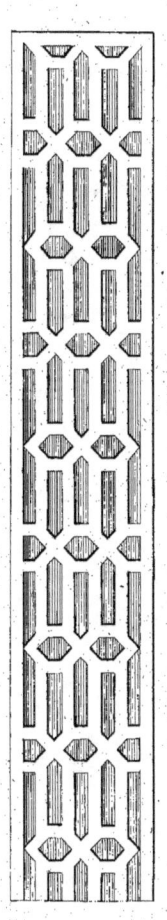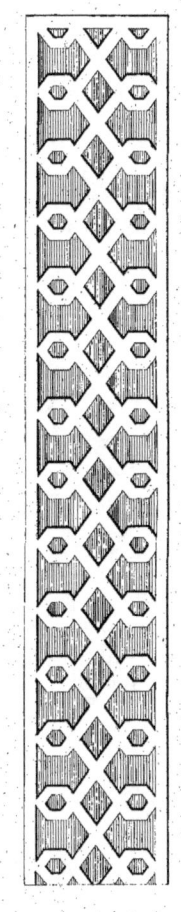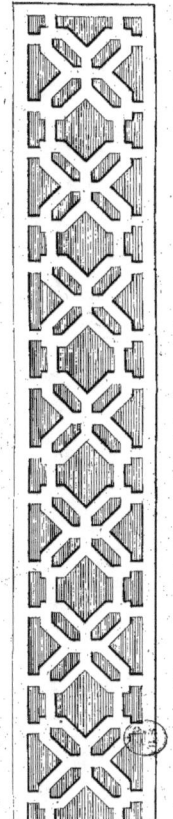

N° CXCIII.

T. Chippendale inv. et del.

Publish'd according to Act of Parliament.

M. Darly sculp.

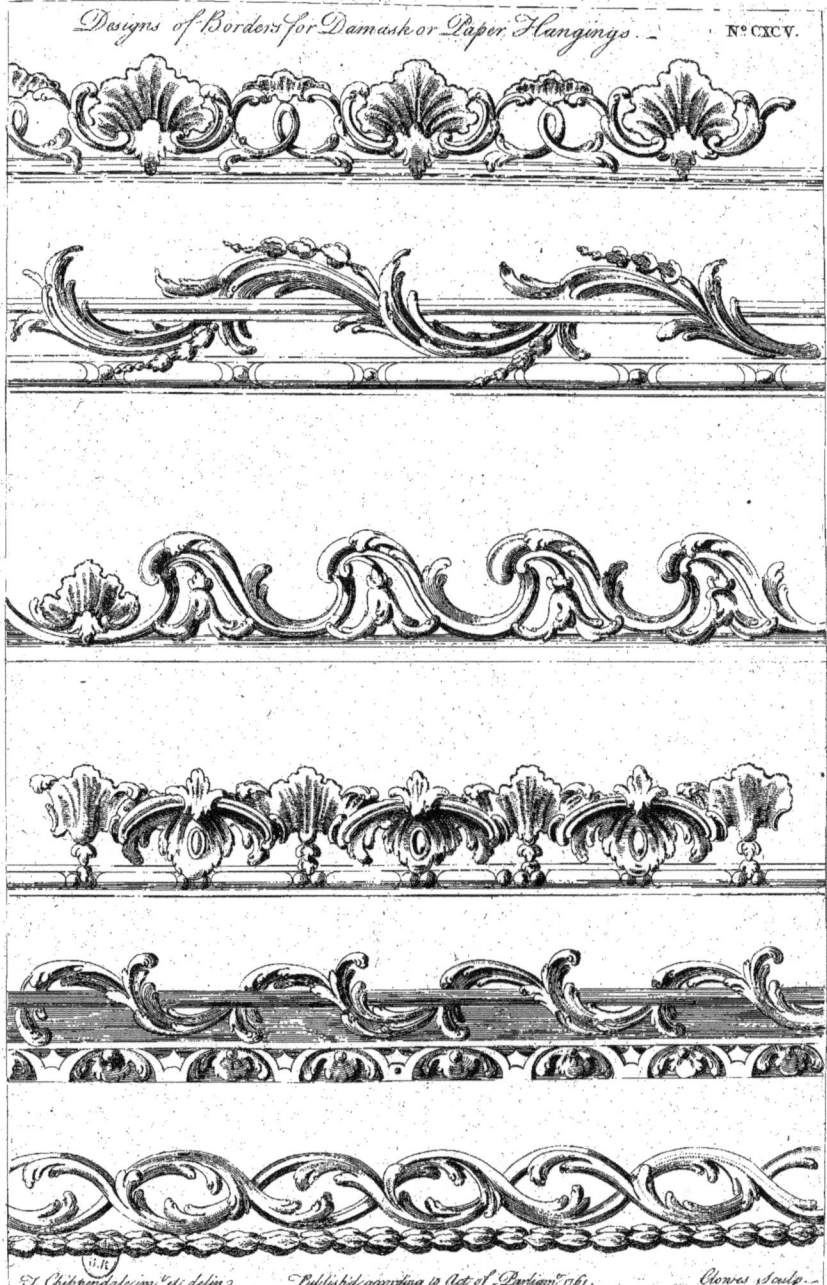

N° CXCVI.

Gothick frets.

T. Chippendale inv.^t et delin.

Published according to Act of P.^t arliament

M. Darly sculp.

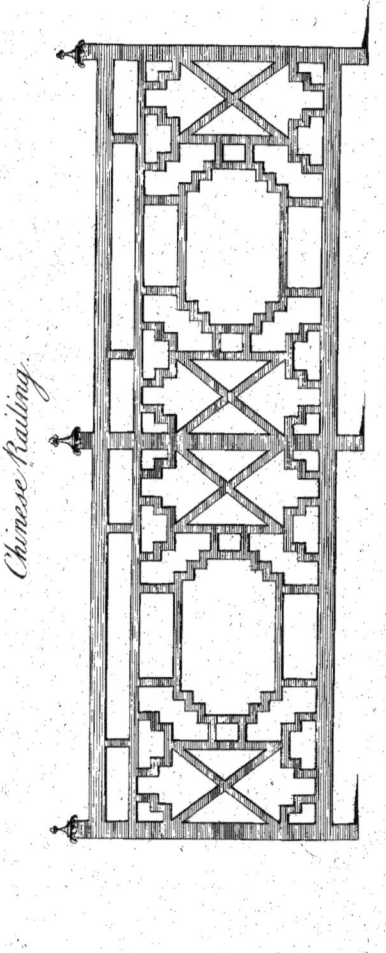
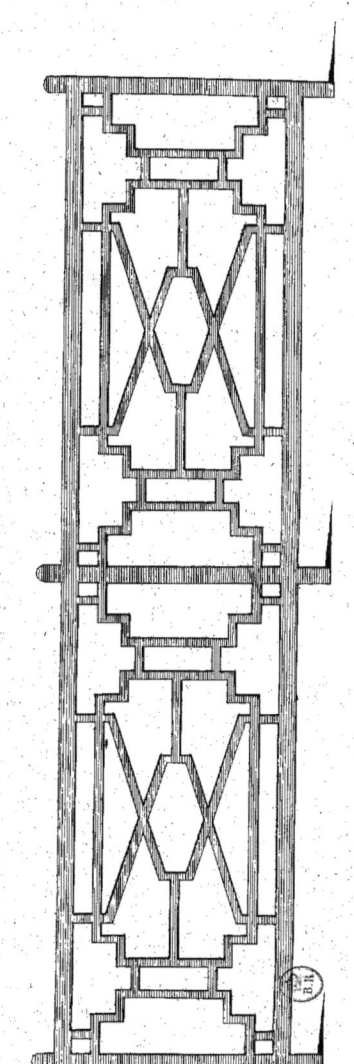

Chinese Railing.

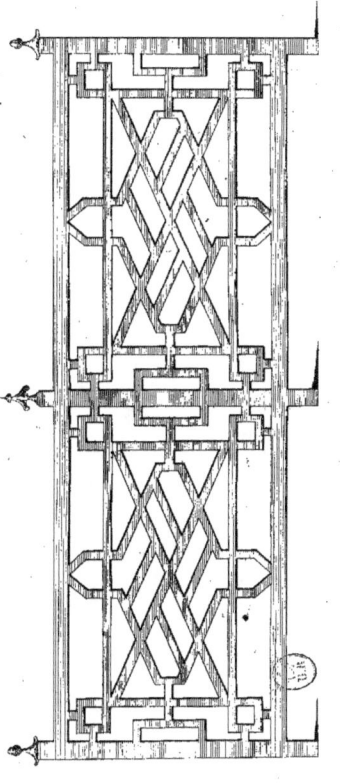
Chinese Railings.

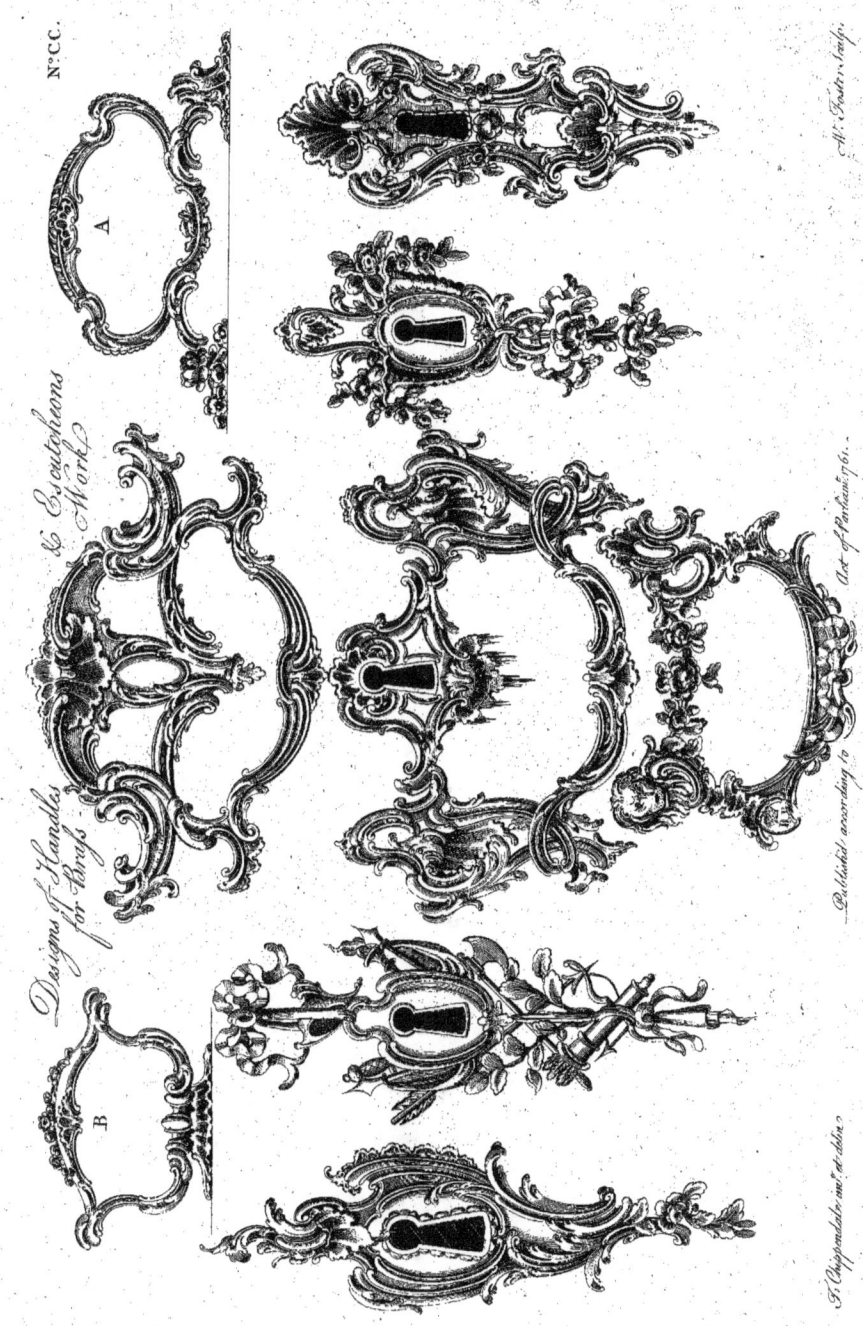